Zichy | Die Macht der Menschenbilder

[Was bedeutet das alles?]

Michael Zichy

Die Macht der Menschenbilder

Wie wir andere wahrnehmen

Reclam

3. Auflage

RECLAMS UNIVERSAL-BIBLIOTHEK Nr. 14150
2021, 2023 Philipp Reclam jun. Verlag GmbH,
Siemensstraße 32, 71254 Ditzingen
info@reclam.de
Gestaltung: Cornelia Feyll, Friedrich Forssman
Druck und Bindung: Elanders Waiblingen GmbH,
Anton-Schmidt-Straße 15, 71332 Waiblingen
Printed in Germany 2025

ISBN 978-3-15-014150-2
reclam.de

Inhalt

Einleitung

›Menschenbild‹ – wie so viele Begriffe (›Weltanschauung‹, ›Zeitgeist‹, ›Angst‹) ist auch dieser ein Geschenk der deutschen Sprache. Und zwar nicht nur, weil es diesen Begriff so in keiner anderen Sprache gibt. Und auch nicht deshalb, weil der moderne Begriff ›Menschenbild‹ ein Kind der deutschen Philosophie ist (er wurde in der zweiten Hälfte des 19. Jahrhunderts von Friedrich Nietzsche, 1844–1900, erfunden)[1]. Sondern er ist ein Geschenk vor allem deswegen, weil er uns etwas zeigt, das von größter Bedeutung ist. Der Begriff birgt ein enormes reflexiv-kritisches Potenzial – ein Potenzial allerdings, das zum Teil verschüttet wurde oder noch unausgeschöpft, ja unverstanden geblieben ist. Denn so häufig der Begriff verwendet wird und so großer Beliebtheit er sich in Öffentlichkeit und Wissenschaft auch erfreut, so unscharf wird er verwendet, und so groß sind die Missverständnisse, die ihn begleiten. Im besten Fall dient er heute als Schmuck für leicht verstaubte Sonntagsreden, die einen Eindruck von Tiefsinn erzeugen wollen. Im schlimmsten Fall dient er als dogmatische Keule, die – mit Emphase eingesetzt – doch nur den Mangel an Argumenten kaschieren soll.

Seine Überzeugungskraft verdankt der Begriff seiner intuitiven Plausibilität – das, was wir über den Menschen denken, ist natürlich wichtig! – und zehrt immer noch von den Debatten der Nachkriegsjahre, in denen dieses Thema seine Blüte hatte, weil es damals noch ums Ganze ging: um den Menschen, um seine geistige Orientierung (Christentum oder atheistischer Humanismus?), um die Ordnung der Gesellschaft (Kapitalismus oder Sozialismus?), um Gott und die Welt.

Der Staub, den der Begriff angesetzt hat, sollte uns jedoch sein Potenzial nicht verkennen lassen. Im Folgenden wird es um drei Thesen gehen, die bei Nietzsche ihren Ursprung haben:

(1) Jede und jeder von uns hat und braucht ein Menschenbild: Menschenbilder sind allüberall.
(2) Menschenbilder bilden das Fundament jeder Gesellschaft – ihrer Ordnungen, ihrer Moral, ihres Rechtssystems, ihrer Pädagogik, kurz: Menschenbilder bilden das Zentrum der Kultur.
(3) Menschenbilder sind macht- und wirkungsvoll: Sie bilden den Menschen nicht einfach nur ab, sie bilden ihn mit. Menschenbilder sind konstitutiv für die Art und Weise, wie wir Menschen sind.

In diesem Band soll der Begriff näher beleuchtet werden: Zunächst müssen wir Klarheit darüber gewinnen, was ein Menschenbild überhaupt ist. Den Begriff umgibt ein Nebel von Unklarheiten und Missverständnissen, den es aufzulösen gilt: Aus der Tatsache nämlich, dass es in modernen Gesellschaften anscheinend eine Vielzahl sehr unterschiedlicher Menschenbilder gibt, folgt noch lange nicht, dass diesen Gesellschaften nicht doch *ein* fundamentales Menschenbild jenseits der oberflächlichen Menschenbild-Pluralität zugrunde liegt. Was aber stellen wir im Alltag mit Menschenbildern an? Warum brauchen wir sie? Warum sind sie in die Kultur einer Gesellschaft nicht nur eingebettet, sondern bilden jeweils deren Zentrum? Besprochen werden die weitreichenden Wirkungen, die Menschenbilder auf uns ausüben. Am Ende werden alle Erkenntnisse in Bezug auf unseren Untersuchungsgegenstand zusammengefasst.

Zum Begriff

Ohne eine nähere Begriffsbestimmung wird es uns nicht gelingen, besser zu verstehen, was ein Menschenbild ist. Begriffe sind die Werkzeuge unseres Geistes, die uns ermöglichen, Gegenstände herauszugreifen, besser zu erfassen und angemessener zu beschreiben. Bevor wir uns daher an eine genauere Untersuchung des Gegenstandes ›Menschenbild‹ machen können, müssen wir zunächst für eine erste Orientierung, einen ersten Begriff sorgen. Im Falle von Menschenbildern ist dies besonders wichtig. Denn so beliebt und eingängig der Ausdruck ›Menschenbild‹ auch ist, so unscharf und mehrdeutig wird er verwendet. Dies sorgt für Missverständnisse, vergiftet die Diskussion und trübt den Blick auf deren eigentlichen Gegenstand. Und so kommt es auch dazu, dass die einen das Thema Menschenbild für enorm wichtig halten, während die anderen eher mit dem Soziologen Niklas Luhmann poltern würden: »Menschenbilder, sowas Grausliches.«[2]

Diese sehr unterschiedlichen Einschätzungen gehen auf ein fundamentales Missverständnis zurück: Gegner des Menschenbildbegriffs verwenden meist ein sehr enges Begriffsverständnis. Für sie sind Menschenbilder per definitionem etwas Religiös-Weltanschauliches. Ein Menschenbild wäre demzufolge nur dann tatsächlich ein Menschenbild, wenn es Aussagen über den Menschen macht, die sich rational gerade nicht überprüfen lassen, wie etwa, dass der Mensch eine unsterbliche Seele habe oder dass er von Gott geschaffen sei. Ein solches Verständnis verkürzt aber: Es verfehlt die Art und Weise, wie der Ausdruck in der Wissenschaft, aber auch im Alltag verwendet wird. Die Verteidiger des Menschenbildbegriffs verstehen darunter gerade *nicht* religiös-weltanschauliche Gebilde, sondern im Gegenteil basale Aussagen über den Menschen, die sich sehr wohl auch rational überprüfen lassen: beispielsweise, dass der Mensch sprach- und vernunftbegabt und zur Selbstbestimmung fähig sei.

Eine erste Definition

Definieren wir den Begriff des Menschenbildes so offen und neutral wie möglich: Mit ›Menschenbild‹ bezeichnen wir die Vorstellung vom Menschen, die jemand – ein Individuum, eine Gruppe, eine Gesellschaft – hat. Menschenbilder setzen sich also zusammen aus Annahmen über den Menschen.

Da Menschenbilder in der Regel nicht nur eine, sondern mehrere Annahmen miteinander verbinden, können sie auch als *Bündel von Annahmen über den Menschen* bezeichnet werden. Sind aber Menschenbilder Bündel von Annahmen, dann bestehen sie nicht nur aus diesen Annahmen, sondern auch aus den Beziehungen zwischen den einzelnen Annahmen. Die Annahmen ergänzen und stützen einander, schränken sich aber auch gegenseitig ein und widersprechen einander gelegentlich auch. Doch weisen noch die primitivsten Menschenbilder ein bestimmtes Mindestmaß an Widerspruchsfreiheit und internem Zusammenhalt auf. Von daher können wir festhalten: Menschenbilder sind *mehr oder weniger kohärente* Bündel von Annahmen über den Menschen.

Nun bestehen Menschenbilder nicht aus irgendwelchen beliebigen Annahmen über den Menschen, sondern – zumindest in ihrem Kern – aus Annahmen über als wichtig erachtete Eigenschaften des Menschen. Aus der im Prinzip unendlichen Menge der möglichen Annahmen über den Menschen treffen Menschenbilder eine Auswahl.

Für das christliche Menschenbild etwa lauten diese unter anderem, dass der Mensch Ebenbild Gottes sei, eine unsterbliche Seele habe oder ein Sünder sei. Für ein soziobiologisch fundiertes Menschenbild hingegen könnte man die Annahme als zentral herausstellen, dass alles menschliche Verhalten das Produkt aus dem Kampf um evolutionäre Vorteile sei.

Freilich umfassen Menschenbilder neben diesen zentralen Annahmen noch viele andere Annahmen über all die Eigenschaften, die Menschen generell zugesprochen werden können. Welche andere Annahmen in ein Menschenbild aufgenommen werden und wie diese interpretiert werden, hängt dabei von den zentralen Annahmen ab.

So ist beispielsweise ein christlich-kreationistisches Menschenbild, dessen Zentralannahme zufolge der Mensch direkt von Gott geschaffen wurde, nicht mit der Annahme vereinbar, dass menschliche Verhaltensweisen auch einen evolutionären Ursprung haben. Und die Annahme über den trivialen Umstand etwa, dass Menschen schmerzempfindlich sind, wird je nach der dem Menschenbild zugrunde liegenden Zentralannahme eine jeweils andere Prägung haben. Im Lichte der Annahme eines christlichen Verständnisses menschlicher Sündhaftigkeit könnte die Fähigkeit, Schmerzen zu empfinden, als Folge des menschlichen Sündenfalls, im Sinne der Annahme der evolutionären Bedingtheit aller Lebensäußerungen hingegen als nützliche evolutionäre Errungenschaft verstanden werden.

Bei den meisten dieser nichtzentralen Annahmen handelt es sich um Trivialitäten über universale menschliche Eigenschaften. So dürften sich etwa die Vorstellungen, dass Menschen essen müssen, Schlaf benötigen, Schmerz empfinden können oder dass sie in der Regel vier Gliedmaßen haben, in den meisten Menschenbildern finden lassen. Diese Annahmen stehen jedoch so gut wie nie im Vordergrund und werden meistens gar nicht explizit thematisiert. Dies ist auch nicht notwendig, weil wir sie immer ganz automatisch mitdenken. Dass in Menschenbildern, und zwar unabhängig davon, ob soziobiologisch, christlich oder sonst wie, in der Regel auch mitenthalten ist, dass Menschen etwa schmerzempfindlich sind, Schlaf benötigen usw., ist selbstverständlich und muss nicht extra erwähnt werden.

Alle Menschenbilder bestehen also streng genommen aus zwei Arten von Annahmen: aus einer Vielzahl an weniger wichtigen Annahmen über alle möglichen menschlichen Eigenschaften und aus einigen wenigen wichtigeren Annahmen über als zentral angesehene menschliche Eigenschaften. Angesichts der systematischen Bedeutung der wichtigeren Annahmen ist es durchaus sinnvoll, Menschenbilder auf ihre zentralen Annahmen zu reduzieren (wobei die nichtzentralen Annahmen natürlich streng genommen weiterhin dazugehören). Menschenbilder lassen sich dann in einem weiteren Schritt als mehr oder weniger kohärente Bündel von Annahmen *über als wichtig angesehene bzw. systematisch zentrale Eigenschaften* des Menschen verstehen.

Unstrittig dürfte sein, dass sich die Annahmen, die sich in einem Menschenbild bündeln, auf den Menschen als solchen beziehen. Menschenbilder sind demnach universalistisch, beziehen sich auf alle Menschen, auf den Menschen im Allgemeinen. Menschenbilder sind demnach mehr oder weniger kohärente Bündel von Annahmen über als wichtig angesehene Eigenschaften des Menschen *im Allgemeinen*. Doch wer ist mit ›alle Menschen‹ gemeint?

Es kann nämlich nicht von vornherein davon ausgegangen werden, dass sich die Annahmen über den Menschen tatsächlich auf alle Angehörigen der biologischen Spezies Homo sapiens beziehen. In gewissen animistischen Kulturen zählen etwa auch manche Tiere, Verstorbene oder bestimmte Arten von Geisterexistenzen zu dem Kreis aller Menschen. Hinreichend belegt sind Auffassungen, denen zufolge nicht alle biologisch als Menschen geltende Wesen als Menschen gesehen werden, wie dies in rassistisch orientierten und Sklavenhalter-Gesellschaften der Fall war und ist.

Menschenbilder sind also, so ein weiterer Schritt, kohärente Bündel an Annahmen über wichtige Eigenschaften des Menschen im Allgemeinen.

Diese Definition ist ziemlich weit gefasst. Zu ihrer Präzisierung ist es sinnvoll, die Unterscheidung zwischen lebensweltlich-praktischen Menschenbildern einerseits und wissenschaftlich-theoretischen Menschenbildern andererseits einzuführen. Bei Letzteren handelt es sich in der Regel um wissenschaftliche Modelle vom Menschen, so wie sie in wissenschaftlichen Erklärungen, Theorien und Beschreibungen über die Welt vorkommen. Lebensweltlich-praktische Menschenbilder hingegen sind im Alltagsleben verankert, bilden einen wichtigen Bestandteil sowohl individueller als auch kollektiver Orientierung, schlagen unmittelbar auf das lebensweltliche Handeln durch und spielen für unser Selbstverständnis eine wichtige Rolle, kurz: Sie haben einen echten Sitz im Leben. Im Folgenden soll es nur noch um diese Art von Menschenbildern gehen.

Inhalte von Menschenbildern

Lebensweltliche Menschenbilder sind also Bündel von Annahmen bzw. Überzeugungen über zentrale Eigenschaften des Menschen, die für den Alltag eine Rolle spielen. Versuchen wir, diese etwas blutleere Definition ein wenig anzureichern. Um was für Annahmen bzw. Überzeugungen handelt es sich? Da Menschenbilder sehr unterschiedlich sind und in einer unüberschaubaren Mannigfaltigkeit vorliegen, ist es unmöglich, alle Annahmen vollständig anzuführen. Man kann jedoch jene Annahmen, die für lebensweltlich-praktische Menschenbilder eine wichtige Rolle spielen, weil sie – ob bewusst oder unbewusst – unserem alltäglichen Handeln zugrunde liegen, in Typen einteilen:

Menschenbilder umfassen bestimmte Annahmen, die eine Antwort auf bestimmte Fragen geben.

	Annahmen	Fragen, die die Annahmen beantworten sollen
1.	Darüber, wer überhaupt zur Spezies dazugehört	Wer zählt als Mensch? Sind alle Mitglieder der biologischen Spezies Homo sapiens als Menschen eingeschlossen? Oder ist die Definition von ›Mensch‹ enger oder weiter gefasst?

	Annahmen	Fragen, die die Annahmen beantworten sollen
2.	Über fundamentale ontologische Eigenschaften	Aus welchen Elementen besteht der Mensch? Haben Menschen nur einen materiellen Körper oder auch eine immaterielle Seele (oder gar deren zwei oder drei)? In welcher Beziehung stehen die ontologischen Elemente zueinander? Welchen Gesetzmäßigkeiten (ewige Wiederkehr, Wiedergeburt, Naturgesetze usw.) sind die Elemente einzeln oder alle zusammen unterworfen?
3.	Über die Stellung des Menschen im Kosmos	Welche »Stellung im Kosmos«, d. h. welche ontologische (Seins-), axiologische (Wert-) und kratologische (Macht-)Position kommt dem Menschen im Vergleich zu allen anderen Wesen zu? Ist der Mensch die »Krone der Schöpfung«? Steht er über allen anderen Entitäten? Steht er unter manchen Entitäten? Oder sind alle Entitäten gleich?
4.	Über ontologische, axiologische und kratologische Differenzen	Sind alle Menschen in ontologischer und axiologischer Hinsicht gleich? Haben alle Menschen das gleiche Recht darauf, Macht auszuüben, oder gibt es zwischen Menschen fundamentale ontologische, axiologische und kratologische Differenzen, so z. B. zwischen Männern und Frauen, zwischen Jung und Alt oder zwischen ethnischen Gruppen?
5.	Über die Verfasstheit menschlicher Individualität	Sind Menschen Individuen in einem starken Sinne, d. h., sind sie von anderen Entitäten (eher) unabhängig? Oder stehen sie mit anderen Entitäten in engen, konstitutiven Verbindungen? Sind menschliche Individuen der Gesellschaft bzw. dem Kollektiv unter- oder übergeordnet?

	Annahmen	Fragen, die die Annahmen beantworten sollen
6.	Über das menschliche Selbst	Verfügen Menschen über ein substanzielles inneres Kernselbst? Bestehen sie aus vielen Selbsten? Oder ist das Selbst eine Illusion? Ist das Selbst interdependent (d. h., ist es das Resultat von zwischenmenschlichen Beziehungen) oder existiert es unabhängig (d. h., geht es Beziehungen voraus)?
7.	Über menschliche Freiheit	Haben Menschen einen freien Willen, und wenn ja: Wie weit reicht dieser? Ist Freiheit bloße Wahlfreiheit (um z. B. zwischen Kaffee mit oder ohne Zucker zu wählen) oder ermöglicht sie eine weitreichende Selbstbestimmung (um sich z. B. bewusst für die eigenen moralischen Grundsätze oder die eigene Religion zu entscheiden)?
8.	Über zentrale menschliche Verhaltensfaktoren	Ist menschliches Verhalten angeboren oder erworben? Wie formbar ist der Mensch? Ist menschliches Verhalten durch einzelne dominante Faktoren (wie z. B. Gene, Sexualtrieb, sozialer Druck) bestimmt? Existieren einzelne starke verhaltenssteuernde Motivationen und Dispositionen (wie z. B. Egoismus)?
9.	Über zentrale menschliche Fähigkeiten	Was sind die spezifisch menschlichen Fähigkeiten? Was sind die für die Menschlichkeit entscheidenden Fähigkeiten (z. B. zur Entwicklung bzw. Anwendung von Vernunft, Sprache, Empathie, Ehrgefühl)? Welche Fähigkeiten sind wertvoll, welche nicht?
10.	Über das gute menschliche Leben	Was ist das eigentliche Ziel bzw. der Sinn des menschlichen Lebens? Welche Werte sollte ein Mensch in seinem Leben anstreben?

	Annahmen	Fragen, die die Annahmen beantworten sollen
11.	Über den Grund, warum der Mensch so ist, wie er ist	Was liefert die übergeordneten Gründe dafür, dass die Antworten auf die vorhergehenden Fragen so ausfallen, wie sie ausfallen? Ist letztlich der Wille Gottes, ein Schicksal oder aber der Zufall verantwortlich für die Eigenschaften des Menschen?

Tabelle 1: In Menschenbildern enthaltene Annahmen

Zu dieser Liste ist dreierlei anzumerken: Erstens haben Menschen in der Regel in diesem Zusammenhang keine klaren Überzeugungen, können also die gestellten Fragen gar nicht beantworten, und wenn doch, bleibt vieles im Vagen. Außerdem sind viele Überzeugungen nur implizit vorhanden, d.h., sie sind Teil anderer Überzeugungen (z.B. über Werte), die wir haben, inhärent in unseren Gewohnheiten, in unseren Entscheidungen und in der Art und Weise, wie wir handeln. Dort müssen sie erst durch Nachdenken entdeckt und herausanalysiert werden.

Zweitens weisen bestimmte Menschenbilder nicht notwendigerweise Annahmen, die all die genannten Fragen beantworten könnten, auf. Menschenbilder können nämlich in sehr unterschiedlichen Abstraktions- und Dichtegraden vorliegen. Es gibt sehr spezifische, d.h. sehr konkrete und inhaltlich dichte Menschenbilder (wie beispielsweise das Menschenbild des Aristoteles oder das der katholischen Kirche), die auf alle oder doch die meisten dieser Fragen Antworten geben. Es gibt aber auch allgemeinere, d.h. abstraktere und inhaltlich gesehen dünnere Menschenbilder, die, wie z. B. das Menschenbild, das hinter den Menschenrechten aufscheint, vieles offen lassen.

Und drittens eine Bemerkung zum letzten Punkt auf der Liste, über den Grund, warum der Mensch so ist, wie er ist: Menschenbilder enthalten normalerweise nicht einfach nur Annahmen darüber, *wie* Menschen sind (z. B. dass sie einen materiellen Körper haben oder mit Vernunft begabt sind), sondern auch – meist in Narrationen verpackte – Annahmen darüber, *warum* Menschen so sind, wie sie sind. Christlich geprägte Menschenbilder beziehen sich etwa auf die Geschichte von Gottes Schöpfung und den Sündenfall, soziobiologische Menschenbilder auf die Geschichte vom evolutionären Kampf ums Überleben oder das marxistische auf die Geschichte der Entfremdung und des Klassenkampfes. Mit diesen Meta-Annahmen legitimieren Menschenbilder ihre übrigen Annahmen über den Menschen und fügen ihr Menschenbild in das umfassende Ganze eines bestimmten Weltbildes ein. Es sind vor allem diese Meta-Annahmen, die die Gegner des Menschenbildbegriffs im Blick haben, weil diese weltanschaulichen Charakter haben. Unsere Liste macht aber deutlich, wie verkürzend ein solcher Blick ist. Menschenbilder sind viel mehr, als ihre Gegner wahrhaben wollen.

Um diese Ausführungen etwas zu konkretisieren, werden in der folgenden Tabelle zwei Menschenbilder – ein eher abstraktes, inhaltlich dünnes, und ein sehr konkretes – grob skizziert. Bei dem einen Menschenbild handelt es sich um das im europäischen bzw. westlichen Raum verbreitete allgemeine (gesellschaftliche) Menschenbild, das auch den Menschenrechten als Grundlage dient, bei dem zweiten um ein konservatives christliches (gruppenspezifisches) Menschenbild. Auf welche Art und Weise es überhaupt ein gesellschaftliches wie das europäische bzw. westliche Menschenbild geben kann, und wie das Verhältnis zwischen allgemeinen abstrakten gesellschaftlichen und sehr konkreten gruppenspezifischen Menschenbildern, wie dem hier beispielhaft dargestellten, konservativen christlichen Menschenbild zu fassen ist, wird im folgenden Kapitel dargestellt.

	Annahmen	Westliches Menschenbild	Ein (sehr) konservatives christliches Menschenbild
1.	Darüber, wer überhaupt zur Spezies dazugehört	Alle Mitglieder der biologischen Spezies Homo sapiens sind Menschen (mit Unschärfen in Bezug darauf, wann das Leben beginnt oder endet): Die Frage, wann genau vor der Geburt der Mensch im vollen Sinne zu existieren beginnt und wann im Sterbeprozess er zu existieren aufhört, ist offen gelassen).	Alle Mitglieder der biologischen Spezies Homo sapiens sind Menschen (ab Verschmelzung von Ei- und Samenzelle bis hin zum letzten Atemzug).
2.	Über fundamentale ontologische Eigenschaften	Der Mensch besteht aus Materie und hat einen Körper. Ob er darüber hinaus auch aus nichtstofflichen Elementen (Seele, Astralleib usw.) besteht, ist offengelassen.	Der Mensch besteht aus einem sterblichen materiellen Körper und einer unsterblichen immateriellen Seele.
3.	Über die Stellung des Menschen im Kosmos	Der Mensch ist (bislang) das wertvollste aller Lebewesen, das mit den meisten Rechten ausgestattet ist und über alles andere verfügen darf.	Der Mensch ist die »Krone der Schöpfung«, er ist aufgrund seiner Gottesebenbildlichkeit das wertvollste aller Lebewesen und soll über die Welt herrschen, was aber auch bedeutet, dass er für sie Verantwortung trägt.

	Annahmen	Westliches Menschenbild	Ein (sehr) konservatives christliches Menschenbild
4.	Über ontologische, axiologische und kratologische Differenzen	Alle Menschen sind in ontologischer, axiologischer und kratologischer Hinsicht gleich; sie haben insbesondere die gleichen fundamentalen (Menschen-)Rechte; eine unbegründete Ungleichbehandlung aufgrund von Alter, Geschlecht, ethnischer Zugehörigkeit, Hautfarbe, sexueller Orientierung usw. ist nicht zulässig.	Alle Menschen sind qua Gottesebenbildlichkeit gleich wertvoll. Frauen und Männer sind aber ontologisch gesehen unterschiedlich. Aus diesem Grund haben Männer andere (mehr) Rechte als Frauen. Letztere können daher auch nicht das Priesteramt ausüben und haben sich letztlich dem Mann unterordnen.
5.	Über die Verfasstheit menschlicher Individualität	Menschen gelten in einem starken Sinne als Individuen mit subjektiven Rechten, die sie gegenüber der Gesellschaft geltend machen können. Individuen sind zwar auf die Gesellschaft hin-, sind der Gesellschaft aber prinzipiell vorgeordnet. Individuen sind nicht für die Gesellschaft, sondern die >	Menschen gelten zwar als Individuen mit subjektiven Rechten, aber Einzelne gelten wesenhaft auf die Gemeinschaft (vor allem die Familie) und die Gesellschaft hin bezogen. Die Individuen müssen daher auf die Gemeinschaft >

	Annahmen	Westliches Menschenbild	Ein (sehr) konservatives christliches Menschenbild
		Gesellschaft für die Individuen da. Die Gesellschaft ist vor einzelnen Individuen nur zu schützen, weil sie für andere Individuen wichtig ist.	stärker Rücksicht nehmen und haben entsprechende starke Pflichten.
6.	Über das menschliche Selbst	Menschen verfügen im Normalfall über ein stabiles Kernselbst, das ein Raum der inneren Reflexion darstellt. Dieses Selbst geht zwischenmenschlichen Beziehungen voraus. Wie dieses Selbst ontologisch verfasst ist, ist offengelassen.	Menschen haben ein substanzielles Selbst, das einen Raum der inneren Reflexion ausmacht und vor allem das moralische Gewissen umfasst. Dieses Selbst steht in enger Verbindung mit der unsterblichen Seele bzw. ist mit ihr identisch.
7.	Über menschliche Freiheit	Menschen sind freie und selbstbestimmte Wesen. Sie haben die Fähigkeit, verantwortete Entscheidungen über ihre Leben und die (vor allem religiösen und moralischen) Grundsätze, nach denen sie ihr Leben führen wollen, zu treffen.	Menschen sind freie Wesen, sie haben allerdings aufgrund der Erbsünde nicht (oder nicht durchgängig) die Fähigkeit, verantwortete weitreichende Lebensentscheidungen zu treffen.

	Annahmen	Westliches Menschenbild	Ein (sehr) konservatives christliches Menschenbild
8.	Über zentrale menschliche Verhaltensfaktoren	Das westliche Menschenbild kennt viele verschiedene Verhaltensfaktoren (etwa den Sexualtrieb, den Überlebenstrieb oder sozialen Druck), lässt aber offen, welche davon dominant sind. Außerdem bleibt offen, ob das Verhalten vorrangig angeboren oder erworben ist.	Auch das christliche Menschenbild kennt viele Verhaltensfaktoren. Dominant ist aber die »concupiscentia«, d. h. die innere Tendenz des Menschen zum Bösen und zur Sünde (Erbsünde).
9.	Über zentrale menschliche Fähigkeiten	Als wichtige menschliche Fähigkeiten gelten Rationalität, die Fähigkeit, verantwortlich mit Freiheitsspielräumen umzugehen und sich selbst zu bestimmen (Autonomie), und die Fähigkeit, sich am moralisch Guten zu orientieren. Ob es darüber hinaus weitere bzw. andere wichtige Fähigkeiten gibt, bleibt offen.	Als wichtige menschliche Fähigkeiten gelten: Rationalität und moralisches Gewissen, vor allem im Sinne der rationalen Selbstbeherrschung (»dem Bösen widerstehen«) sowie Gehorsam gegenüber den Geboten Gottes.

	Annahmen	Westliches Menschenbild	Ein (sehr) konservatives christliches Menschenbild
10.	Über das gute menschliche Leben	In Bezug auf diese Frage ist das westliche Menschenbild zurückhaltend, da Menschen als voneinander zu verschieden gelten. Daher lautet die inhaltlich wenig festgelegte Vorgabe: Jedes Individuum soll für sich selbst bestimmen, was sein Lebensziel ist und sich auf diese Weise selbst verwirklichen.	Das Ziel des menschlichen Lebens besteht darin, Gott zu lieben, ihn zu verherrlichen und seine Gebote zu halten, um so das ewige Leben in Glückseligkeit zu erlangen.
11.	Über den Grund, warum der Mensch so ist, wie er ist	Das westliche Menschenbild lässt eine Beantwortung dieser Frage offen, gibt aber mehrere Gründe dafür an, warum die Antworten so ausfallen: Sie sind wissenschaftlich legitimiert, eine historische Errungenschaft und ein gemeinsames zivilisatorisches Erbe sowie die konsensuelle Grundlage der zivilisierten westlichen Welt.	Gott hat das Universum und den Menschen so geschaffen, wie sie sind.

Tabelle 2: Zwei beispielhafte Menschenbilder

Pluralismus

Gegner des Menschenbildbegriffs bringen meist einen Haupteinwand gegen die These vor, dass Menschenbilder eine fundamentale Rolle für die Gesellschaft spielen: den Pluralismus. In liberalen pluralistischen Gesellschaften wie den unsrigen herrscht ein Menschenbild-Pluralismus, d. h. eine unüberschaubare Mannigfaltigkeit an unterschiedlichen Menschenbildern – christliche, islamische, buddhistische, esoterische, konservative, liberale, marxistische, atheistisch-humanistische, naturalistische usw., die jeweils ihrerseits wieder in einem enormen Variantenreichtum bestehen. Und diese pluralen Menschenbilder existieren nicht einfach nur nebeneinander, sondern sie koexistieren (meist) auch friedlich miteinander. So kann ich mich beispielsweise mit meinem Nachbarn allabendlich nicht nur über das politische Tagesgeschehen, über das Schulsystem und die neuesten Fußballergebnisse, sondern auch über Gott und die Welt austauschen, und dies, obwohl ich als Christ ein christliches Menschenbild vertrete, während mein Nachbar etwa ein marxistisches Menschenbild vertritt.

Wollte man annehmen, dass Menschenbilder tatsächlich so einflussreich sind, wie viele glauben, dann wäre dies nicht möglich, da dann dem Gespräch die gemeinsame Basis fehlen würde. Differenzen in Menschenbildfragen – darauf will der Einwand hinaus – müssen daher oberflächlicher Natur sein, sie unterscheiden sich nicht grundsätzlich von anderen oberflächlichen Geschmacks- und Auffassungsunterschieden. Gesellschaftlich einflussreich könnte ein Menschenbild, so das Argument weiter, nur dort sein, wo eine Gesellschaft entweder kulturell homogen ist, d. h., die überwiegende Mehrheit an ein einziges Menschenbild glaubt, oder dort, wo der Gesellschaft von einer Machtelite ein Menschenbild aufgezwungen wird. In anderen Worten: In liberalen pluralistischen Gesellschaften spielten Menschenbilder nicht nur de facto keine wichtige Rolle, sondern dies sei auch sehr gut so, denn Menschenbilder *sollen* keine Rolle spielen.

Diesem Einwand liegt ein verkürztes Verständnis von Menschenbildern zugrunde. Es verhält sich nämlich genau umgekehrt, dass die friedliche Koexistenz der pluralen Menschenbilder in einer Gesellschaft gerade deswegen möglich ist, weil es jenseits der pluralen Menschenbilder doch noch *das eine* Menschenbild gibt, dem alle implizit oder explizit verpflichtet sind. Und diesem einen gesellschaftlichen Menschenbild kommt sehr wohl eine fundamentale Rolle zu.

Um zu verstehen, warum dies so ist, müssen wir unsere je eigenen Menschenbilder genauer untersuchen: Jede und jeder von uns hat ihr bzw. sein eigenes individuelles Menschenbild. Betrachten wir dieses genauer, werden wir Folgendes feststellen können: Einige unserer Überzeugungen über den Menschen teilen wir mit allen oder zumindest mit der Mehrheit der anderen Mitglieder in unserer Gesellschaft, so etwa die Annahmen, dass der Mensch einen Körper hat, dass er frei ist bzw. sein sollte oder dass er für seine Handlungen verantwortlich ist. Andere Überzeugungen über den Menschen hingegen teilen wir nicht mit allen, sondern nur mit manchen Mitgliedern unserer Gesellschaft. Die Überzeugungen, dass der Mensch von Gott geschaffen ist und eine unsterbliche Seele hat, teilen nur religiöse Menschen miteinander, und die Annahme, dass Menschen sich mithilfe von Technik in übermenschliche

Wesen verwandeln sollten, hauptsächlich Post- und Transhumanisten. Und dann gibt es in unseren Menschenbildern Überzeugungen, die möglicherweise nur wir selbst haben. So könnte es sein, dass Lisa davon überzeugt ist, dass regelmäßiges Zähneputzen nicht nur für ein gutes Gebiss, sondern auch für einen guten Charakter sorgt.

Unsere je eigenen Menschenbilder sind also geschichtete Gebilde. Sie bestehen aus Überzeugungen, die man mit allen oder fast allen Mitgliedern seiner Gesellschaft, aus Überzeugungen, die man mit einigen Mitgliedern, und aus Überzeugungen, die man mit niemandem sonst teilt. Diese Schichten lassen sich voneinander isolieren. Wir stoßen so auf drei Arten von Menschenbildern: individuelle, gruppenspezifische und gesellschaftliche.

Individuelle Menschenbilder bestehen aus der Gesamtheit der Überzeugungen über den Menschen im Allgemeinen, die ein Individuum hat. Streng genommen sind alle Menschenbilder stets individuelle Menschenbilder, da jedes Menschenbild, das von jemandem vertreten wird, die Spuren der Individualität des Individuums trägt, dessen Menschenbild es ist. Auch wenn ich ein Menschenbild vertrete, das von vielen anderen geteilt wird, wird mein Menschenbild – obwohl es ein mit anderen geteiltes ist – unweigerlich individuelle Schattierungen aufweisen, sei es, dass ich mit den Überzeugungen Erfahrungen und Vorstellungen verbinde, die nur ich habe, sei es, dass mein Bündel an Überzeugungen eine zusätzliche besondere Überzeugung beinhaltet – wie etwa diejenige, dass Menschen mit langen Nasen besonders charakterfest sind –, die nur ich für wahr halte. Menschenbilder mit einer solcherart ausgebildeten individuellen Note kann man als schwache individuelle Menschenbilder bezeichnen. Die individuelle Note trifft hier nämlich nicht Zentralannahmen über wichtige Eigenschaften des Menschen.

Starke individuelle Menschenbilder würde man hingegen jene Bündel von Annahmen über *zentrale* Eigenschaften des Menschen nennen, die von nur einem Individuum für wahr und richtig gehalten werden. Wenn etwa Ben der Ansicht ist, dass der Mensch ein Wesen ist, das von hochintelligenten Außerirdischen zur Erde gebracht wurde, die ihn demnächst wieder abholen werden, und dass es daher die Aufgabe des Menschen ist, sich auf die Wiederkunft der Außerirdischen vorzubereiten, dann vertritt er ein – wenn Ben tatsächlich der Einzige ist, der dies glaubt – stark individuelles Menschenbild: Nur er hält die Zentralannahmen dieses Menschenbildes für wahr und richtig.

Starke individuelle Menschenbilder kommen vergleichsweise selten vor. Menschen, die solche Überzeugungen haben, sind häufig Randexistenzen und Einzelgänger, weil sie gesellschaftlich kaum anschlussfähig sein dürften. Schwach individuelle Menschenbilder bilden hingegen den Normalfall.

Gruppenspezifische Menschenbilder bestehen aus Bündeln von Überzeugungen, die von Gruppen vertreten werden. Die Übereinstimmung der Annahmen in solchen Gruppen ist dabei kaum je vollkommen. Menschenbilder sind eben bis zu einem gewissen Grad immer individuell geprägt. Das gruppenspezifische Menschenbild setzt sich daher aus den sich überlappenden Überzeugungen der Gruppenmitglieder zusammen.

Typische Beispiele für solche Menschenbilder sind etwa verschiedene christliche, islamische, esoterische, sozialistische, konservative oder darwinistische Auffassungen vom Menschen. Freilich existieren diese Menschenbilder nicht in jeweils einer Form: *Das* christliche Menschenbild gibt es ebenso wenig wie *das* marxistische oder *das* konservative Menschenbild, vielmehr existieren unterschiedlichste christliche, marxistische, konservative usw. Menschenbilder. Allerdings lassen sich Menschenbilder trotz solcher Binnendifferenzen doch zu größeren Einheiten zusammenfassen, in denen die Mitglieder dieser Gruppen ihre Überzeugungen noch wiedererkennen können. Die Überlappungen werden in einem solchen Fall freilich weniger zahlreich sein.

Ein Beispiel: Es gibt einerseits Christen, die die biblische Schöpfungsgeschichte wörtlich nehmen und ein kreationistisches Menschenbild vertreten, d. h., sie sind der Auffassung, dass der Mensch direkt durch einen historischen Schöpfungsakt Gottes geschaffen wurde. Andererseits gibt es Christen, die etwa im Sinne der Theorie des *intelligent design* glauben, dass Gott den Menschen indirekt, auf dem Wege der Evolution, geschaffen hat. Darüber hinaus gibt es Christen, die einfach daran glauben, dass Gott die Menschen irgendwie geschaffen hat, ohne genau angeben zu können oder zu wollen, wie er dies nun getan hat. Trotz dieser Differenzen werden sich alle mit einem christlichen Menschenbild identifizieren können, das die Überzeugung beinhaltet, dass der Mensch von Gott geschaffen ist, ohne zu spezifizieren, wie dieser Schöpfungsakt nun konkret vorzustellen ist. Dies lässt die Rede von *dem* christlichen und analog dazu von *dem* marxistischen, *dem* konservativen usw. Menschenbild durchaus wieder gerechtfertigt erscheinen.

Ist von partikularen, pluralen oder weltanschaulichen Menschenbildern die Rede, sind also in erster Linie diese gruppenspezifischen Menschenbilder gemeint. Und genau diese Menschenbilder haben Kritiker des Menschenbildbegriffs im Blick.

Gesellschaftliche Menschenbilder bilden jene Bündel aus Überzeugungen über wichtige Eigenschaften des Menschen im Allgemeinen, die von allen Mitgliedern oder zumindest der überwiegenden Mehrheit der Mitglieder einer bestimmten Gesellschaft miteinander geteilt werden. Sie sind in der (weit verstandenen) Kultur einer Gesellschaft verankert und kommen etwa in geteilten Werten, in der Pädagogik, in den Institutionen oder in etablierten Praktiken zum Ausdruck. Auch hier wird das entsprechende Menschenbild aus der Summe der kollektiv geteilten, sich überlappenden Annahmen über den Menschen gebildet. In pluralistischen Gesellschaften sind diese gesellschaftlichen Menschenbilder (wie etwa das westliche Menschenbild in Tabelle 2) vor allem durch drei Merkmale gekennzeichnet:

Erstens sind die gemeinsam geteilten Annahmen abstrakt und inhaltlich dünn. An die Stelle konkreter Annahmen über den Menschen treten inhaltlich vage Überzeugungen, die auf unterschiedliche Art und Weise interpretiert werden können und die daher mit einer ganzen Bandbreite an konkreteren Überzeugungen kompatibel sind.

Ein Paradebeispiel dafür bietet die Überzeugung, dass der Mensch eine eigene, unveräußerliche Würde hat. Diese Sichtweise ist in vielen Gesellschaften verankert und wird von vielen geteilt. In dieser allgemeinen und abstrakten

Überzeugung wird allerdings nicht konkretisiert, worin diese Würde gründet, was sie genau bedeutet und was im Einzelfall aus ihr folgt, denn genau darüber gehen die Ansichten auseinander: Für die einen gründet sie in der Gottesebenbildlichkeit, für andere in der Autonomie, manche verschwenden auf die Frage der Begründung keinen Gedanken, sondern halten das Konzept für intuitiv plausibel und akzeptieren es einfach. Für die einen sind menschliche Embryonen nicht, für die anderen sehr wohl Träger von Menschenwürde. Für die einen ist Prostitution ein Verstoß gegen die Menschenwürde, für die anderen nicht. Für die einen ist die Ermöglichung aktiver Sterbehilfe eine aus der Menschenwürde abgeleitete Pflicht, für die anderen eine schwere Menschenwürdeverletzung usw. Ein gesellschaftlicher Konsens besteht folglich nur über einen relativ schmalen Minimalbestand an Überzeugungen.

Die *gemeinsame* Annahme, dass Menschen eine unveräußerliche Würde eigen ist, ist folglich sehr abstrakt und inhaltlich relativ dünn. Sie erweist sich dadurch aber als offen für Interpretationen, d. h., sie ist offen dafür, mit den jeweiligen gruppenspezifischen oder individuellen Ansichten über die Menschenwürde angereichert zu werden. Freilich führt diese Interpretationsoffenheit regelmäßig dazu, dass die unterschiedlichen Interpretationen spätestens dann aufeinanderprallen, wenn geklärt werden muss, was Menschenwürde in einer konkreten Situation oder für eine konkrete Fragestellung bedeutet.

Konflikte lassen sich besonders gut im Zusammenhang mit Debatten über bioethische Themenstellungen wie Präimplantationsdiagnostik, Abtreibung, Stammzellenforschung oder Sterbehilfe beobachten. In all diesen Diskussionen geraten divergierende Verständnisse von Menschenwürde aneinander, und für jede dieser Problemstellungen muss entsprechend ausgehandelt werden, in welche konkrete bindende (Rechts-)Normen diese abstrakte, von allen geteilte Überzeugung über Menschenwürde überführt werden soll. Dieser – auch demokratiepolitisch – wichtige Spiel- und Aushandlungsraum wird dabei durch die geteilten abstrakten und inhaltlich dünnen Annahmen über den Menschen sichergestellt.

Zweitens weist das gesellschaftliche Menschenbild pluralistischer Gesellschaften eine Reihe positiver abstrakter und inhaltlich dünner Überzeugungen über wichtige Eigenschaften des Menschen auf. In westlichen Gesellschaften gehören dazu etwa die Überzeugungen, dass der Mensch eine unveräußerliche Würde hat, dass jeder Mensch ein einzigartiges Individuum ist, dass jeder Mensch das Recht auf Selbstbestimmung hat usw.

Drittens darf nicht übersehen werden, dass gesellschaftliche Menschenbilder pluralistischer Gesellschaften auch negative Überzeugungen umfassen. Viele Ansichten, die in den individuellen und gruppenspezifischen Menschenbildern enthalten sind – darunter viele weltanschaulicher Natur –, fallen aus dem gesellschaftlichen Menschenbild heraus, da über sie kein gesellschaftlicher Konsens besteht. Zu gesellschaftlichen Menschenbildern pluralistischer Gesellschaften gehören beispielsweise keine religiösen Überzeugungen mehr. Sie umfassen auch keine Festlegungen über den Ursprung, den Sinn und das Ziel menschlichen Lebens. Wohl begegnet man in diesen Gesellschaften viele individuelle und gruppenspezifische Menschenbilder, die solche Überzeugungen bewahren. Diese Überzeugungen sind aber von ihrem Wesen her so unterschiedlich, dass sie in keiner gemeinsamen Überzeugung einen abstrakt formulierten kleinsten gemeinsamen Nenner finden könnten.

Die abstrakten und inhaltlich dünnen gemeinsamen Menschenbilder pluralistischer Gesellschaften haben daher im Vergleich zu den konkreteren und inhaltlich dichteren individuellen und gruppenspezifischen Menschenbildern eine Reihe an Leerstellen. Diese Leerstellen weisen dabei ein besonderes Charakteristikum auf: Es sind Leerstellen, derer wir uns bewusst sind. Die Überzeugungen, über die kein gesellschaftlicher Konsens herrscht, verschwinden nicht einfach aus dem gesellschaftlichen Menschenbild, sondern sie werden durch die negativen Überzeugungen, dass es für diese Aspekte des Menschen eben keinen gesellschaftlichen Konsens gibt, ersetzt. So *wissen* wir in unseren Breitengraden etwa, dass es in Bezug auf die Fragen, ob der Mensch von Gott geschaffen wurde oder nicht, ob er eine unsterbliche Seele hat oder nicht oder worin der Sinn des menschlichen Lebens liegt, stark divergierende Ansichten gibt. Wir *wissen*, dass es über manche anthropologischen Fragen keinen Konsens gibt, und wir wissen in der Regel auch, um welche Fragen es sich dabei handelt. Wir haben also eine Reihe an gemeinsamen negativen Überzeugungen davon, über welche Aspekte des Menschen es in unserer Gesellschaft keinen Konsens, sondern sehr unterschiedliche Ansichten gibt.

Anders als Kritiker des Menschenbildbegriffs behaupten, weisen pluralistische Gesellschaften also doch ein gemeinsames gesellschaftliches Menschenbild auf. Dieses ist nicht ein Menschenbild neben den vielen individuellen und gruppenspezifischen Menschenbildern, sondern es ist das – auf einer anderen, fundamentalen Ebene – angesiedelte *Meta-Menschenbild.* Die Beziehungen zwischen diesen Menschenbildern lassen sich mit dem Bild einer Landkarte veranschaulichen. Das gesellschaftliche Menschenbild gleicht einer Landkarte, mit der eine Gesellschaft all ihre Mitglieder zu ihrer Orientierung ausstattet. In pluralistischen Gesellschaften sind auf dieser Landkarte bloß die wichtigsten Orte, Wege und Orientierungspunkte eingezeichnet, die für alle verbindlich sind und die dafür sorgen, dass sich alle zurechtfinden; die Karte sorgt auf diese Weise für eine funktionierende gesellschaftliche Interaktion.

Es ist hilfreich, dieses Bild weiter fortzuspinnen: Jedes Gesellschaftsmitglied geht mit dieser Karte zu den Gruppen, denen es sich zugehörig fühlt. Die Gruppen tragen auf der Karte diejenigen zusätzlichen Markierungen ein, die für sie jeweils wichtig sind. Und mit der so angereicherten Karte geht das Gruppenmitglied schließlich nach Hause, um weitere Markierungen einzutragen, die für es als Individuum wichtig sind. Dies führt dazu, dass das individuelle Landkartenexemplar jedes Mitglieds sowohl von der allgemeinen Landkarte als auch von den Landkarten jedes anderen Mitglieds in vielen Details abweicht, sich die Karten aber in den für alle verbindlichen großen Linien gleichen. Eine persönliche Landkarte stellt eine mit vielen individuellen und gruppenspezifischen Details angereicherte Variante der allgemeinen Landkarte dar. Das Besondere an solch einer persönlichen Landkarte besteht darin, dass die über die allgemeinen, für alle verbindlichen Angaben hinausgehenden Details als solche gekennzeichnet sind (weil sie etwa mit einem farbigen Stift eingezeichnet wurden). Dies bedeutet, dass jedes Mitglied der Gesellschaft weiß,

(1) welche die allgemein verbindlichen Linien sind,
(2) dass die gruppenspezifischen und persönlichen Details eben gruppenspezifische und persönliche Details sind,
(3) dass dort, wo diese Details verzeichnet sind, auf der allgemeinen Landkarte etwas anderes, nämlich in der Regel weiße Flecken zu finden sind,
(4) dass andere Mitglieder auf ihren Landkarten andere Details vermerkt haben,
(5) dass oft, aber nicht immer, einige Details von den Landkarten auch anderen Mitgliedern bekannt sind.

Um dies an einem Beispiel zu verdeutlichen: Ein sich zum Christentum bekennendes, einigermaßen gebildetes und reflexionsfähiges Mitglied einer europäischen Gesellschaft weiß in der Regel

(1) um die grundlegenden, für alle verbindlichen Überzeugungen über den Menschen,
(2) dass die christlichen Glaubensinhalte faktisch nur für es selbst bzw. all diejenigen, die sich zum Christentum bekennen, verbindlich sind (auch wenn es vielleicht der Ansicht ist, dass sie für alle verbindlich sein sollten),

(3) um die weltanschauliche Neutralität des Staates,
(4) dass andere Mitglieder andere weltanschauliche oder religiöse Überzeugungen haben,
(5) dass viele Mitglieder viele Überzeugungen der jeweils anderen kennen, etwa weil sie in den Medien thematisiert wurden oder Familienangehörige oder Bekannte sich zu ihnen bekennen oder weil es schlicht zur Allgemeinbildung zählt.

Oder anders: Die individuellen und gruppenspezifischen Menschenbilder sind dem allgemeineren gesellschaftlichen Menschenbild gleichsam aufgepfropft. Das gesellschaftliche Menschenbild bildet einen wichtigen Bestandteil der gruppenspezifischen und der individuellen Menschenbilder, einen Bestandteil allerdings, der ausgemalt, konkretisiert und ergänzt werden kann – und muss.

Im Vergleich zu den individuellen und gruppenspezifischen Menschenbildern zeichnet das gesellschaftliche Menschenbild ein grundsätzlicher Mangel aus; es ist ein Torso, der im Extremfall nur die für die gesellschaftliche Interaktion wichtigen Überzeugungen zeigt, nicht aber Überzeugungen, die für die jeweils persönliche Lebensführung ausschlaggebend sind.

Doch geht umgekehrt das gesellschaftliche Menschenbild auch nicht einfach in den gruppenspezifischen und individuellen Menschenbildern auf. Das Verhältnis zwischen dem einen gesellschaftlichen und den pluralen anderen Menschenbildern ist komplexer: Einerseits ist das gesellschaftliche Menschenbild in den meisten individuellen und gruppenspezifischen Menschenbildern mitgemeint. Es bildet schließlich einen wichtigen Bestandteil derselben. Die grundlegenden, für alle verbindlichen Orientierungslinien sind den detaillierten persönlichen Landkarten vom Menschen eingeschrieben. Das gesellschaftliche Menschenbild zeigt sich in den pluralen Menschenbildern in unterschiedlichen Varianten. Gleichzeitig aber bleibt die Differenz zwischen dem gesellschaftlichen und den pluralen Menschenbildern bestehen – eine Differenz, die uns in der Regel auch bewusst ist: Ich kann sehr gut zwischen *meinem* Menschenbild und *unserer* bzw. der herrschenden gesellschaftlichen Auffassung vom Menschen unterscheiden.

Doch ist die Beziehung zwischen dem gesellschaftlichen Menschenbild und den pluralen Menschenbildern spannungsgeladen. Bestimmte gruppenspezifische oder individuelle Menschenbilder, die in ihrem Wahrheitsanspruch in einem Konkurrenzverhältnis zueinanderstehen, stehen im Wettbewerb darum, ihre spezifischen Überzeugungen in das allgemeine Menschenbild einzuschreiben.

Dies zeigt sich beispielsweise besonders deutlich an den gesellschaftlichen Auseinandersetzungen um den Beginn und das Ende des menschlichen Lebens. Das gesellschaftliche Menschenbild weist in diesen beiden Punkten weiße Flecken auf (siehe das Beispiel in Tab. 2). Deren Ausbuchstabierung wird aber stark umkämpft, ringen gruppenspezifische Menschenbilder doch darum, ihre jeweilige Auffassung von Beginn und Ende des Lebens allgemeinverbindlich in diese Flecken einzutragen. Ab wann kann man von einem Menschen mit unveräußerlicher Würde sprechen? Unmittelbar ab der Empfängnis? Ab der dritten oder ab der elften Woche? Oder erst nach der Geburt? Ab wann ist jemand wirklich tot? Wenn das Herz zu schlagen aufgehört hat? Oder erst, wenn keine Hirnaktivität mehr nachzuweisen ist? Das allgemeine Menschenbild weist also konsensuelle Überzeugungen auf, Ansichten, die von allen geteilt werden, und solche, die Gegenstand eines fortwährenden gesellschaftlichen Aushandlungsprozesses sind.

Zwischen den pluralen und dem gemeinsamen Menschenbild herrschen jedoch nicht nur Spannungen, sondern beide üben auch dynamische Wechselwirkungen aufeinander aus: Individuelle und gruppenspezifische Menschenbilder können im Kampf um Deutungshoheit erfolgreich sein und zu Verschiebungen im gesellschaftlichen Menschenbild führen, die sich dann ihrerseits wieder den gruppenspezifischen und individuellen Menschenbildern aufprägen.

Von der wechselvollen Geschichte dieser Spannungen und Verschiebungen kündet nicht zuletzt die Entwicklung des europäischen Denkens über den Menschen mit ihren vielen großen und kleinen anthropologischen Revolutionen, die nicht selten ihren Ursprung in den revolutionären Auffassungen prägender Individuen hatten. Stellvertretend sei hier nur auf Kopernikus, Darwin und Freud verwiesen, deren Auffassungen zunächst im Widerspruch zum gesellschaftlich vorherrschenden Menschenbild ihrer Zeit standen, im Laufe der Zeit und infolge heftiger intellektueller Auseinandersetzungen aber langsam dem gesellschaftlichen Menschenbild eingefügt wurden. Die Überzeugung, dass der Mensch vom Tier abstammt, ist heute ebenso breit anerkannt und geläufig wie diejenige, dass der Mensch über ein Unbewusstes verfügt, das auf sein Handeln, Fühlen und Denken Einfluss ausübt. Ein Umbau eines allgemeinen Menschenbildes ist aber langwierig und schmerzhaft. Sigmund Freud (1865–1939) sprach deshalb von Kränkungen für die Menschheit – und seit ihm haben sich neue Kränkungen dazugesellt (etwa die Möglichkeit, dass die menschliche Freiheit eine Illusion darstellen oder dass künstliche Intelligenz unsere kognitiven Leistungen übertreffen könnte).

Auf einen letzten, besonders wichtigen Punkt ist noch einzugehen: Die friedliche, wenngleich nicht ganz reibungsfreie Koexistenz der verschiedenen gruppenspezifischen und individuellen Menschenbilder innerhalb einer Gesellschaft ist also deswegen möglich, weil es ein hinreichend großes Feld gibt, in dem die Menschenbilder einander überlappen, nämlich das allgemeine Menschenbild (die allgemeine Landkarte). Dieses allgemeinere gesellschaftliche Menschenbild muss einerseits die für die gesellschaftliche Interaktion wichtigen Überzeugungen umfassen, muss aber andererseits offen genug sein, um den gruppenspezifischen und individuellen Menschenbildern hinreichend (durch weiße Flecken) Anschluss- und Entfaltungsmöglichkeiten zu bieten. Gleichzeitig ist das allgemeine Menschenbild auf die gruppenspezifischen und individuellen Menschenbilder angewiesen, denn diese reichern das allgemeine Menschenbild an, machen es existenziell relevant – und tragen es auf diese Weise. Nur weil das allgemeine in den pluralen Menschenbildern mitgemeint ist, ist dieses stabil und kräftig (die allgemeine Landkarte ist nur deswegen allgemeingültig, weil sie eben in allen individuellen und gruppenspezifischen Landkarten miteingezeichnet ist).

Damit dies aber gelingt, müssen die individuellen und gruppenspezifischen Menschenbilder fähig sein, von *sich aus*, d. h. aus ihrer Binnenlogik heraus, Pluralität und Toleranz zu legitimieren. Nur wenn es von den individuellen und vor allem den gruppenspezifischen Menschenbildern her grundsätzlich in Ordnung ist, dass es in Bezug auf manche Fragen über den Menschen andere Ansichten gibt, werden die weißen Flecken im allgemeinen Menschenbild akzeptiert und mitgetragen und kann toleriert werden, dass es bezüglich mancher Fragen über den Menschen eben tatsächlich unterschiedliche Ansichten geben darf.

Dies ist im Übrigen auch der Grund dafür, warum gerade auch in säkularen Staaten trotz aller berechtigter Einwände ein staatlicher konfessioneller Religionsunterricht sinnvoll sein kann: Dieser liefert einen wichtigen Beitrag dazu, Religionen und Weltanschauungen mit ihren gruppenspezifischen Menschenbildern aus einer Binnenlogik heraus tolerant und pluralismusverträglich zu halten und sie darin zu stärken, aus eigener innerer Überzeugung eine säkulare, liberale und plurale Gesellschaftsordnung zu unterstützen.

Das gesellschaftliche Menschenbild ist fundamental

Das gesellschaftliche Menschenbild, das sich aus den sich überlappenden Überzeugungen der pluralen Menschenbilder zusammensetzt, bildet das grundlegende *eine (Meta-) Menschenbild der Gesellschaft* und ihrer gemeinsamen Lebenswelt. Im Unterschied zu den pluralen – den individuellen und gruppenspezifischen – Menschenbildern ist dieses Menschenbild deshalb wirklich fundamental, weil es die Grundlage des gemeinsamen Lebens bildet.

Auch wenn ich alle meine individuellen und gruppenspezifischen Markierungen aus der Landkarte lösche, kann ich mich mithilfe der so bereinigten Karte immer noch in der gesellschaftlichen Lebenswelt orientieren, weil ich mich an die allgemein verbindlichen Linien halten kann. Wenn ich allerdings die allgemein verbindlichen Linien aus der Karte lösche, dann werde ich mich nicht mehr in der Gesellschaft zurechtfinden können; ich falle dann aus ihr heraus, das gemeinsame Band wäre zerrissen. Da aber diese allgemein verbindlichen Linien auch einen wichtigen Teil der gruppenspezifischen oder individuellen Varianten der Karte darstellen, werde ich mich, wenn ich die allgemein verbindlichen Linien lösche, auch nicht mehr in meinen gruppenspezifisch ausgerichteten oder individuellen Welten orientieren können.

Um dies an einem Beispiel zu veranschaulichen: Nehmen wir an, ich lebe in Deutschland und bin überzeugter Katholik. In diesem Fall teile ich mit den meisten anderen Angehörigen der deutschen Gesellschaft eine Reihe an grundlegenden Überzeugungen wie etwa diejenige, dass der Mensch eine unveräußerliche Würde hat, dass alle Menschen moralisch zu respektieren sind oder dass Menschen frei und für ihre Handlungen verantwortlich sind. Darüber hinaus pflege ich anthropologische Überzeugungen, die ich vorrangig mit meinen Glaubensschwestern und -brüdern teile, wie etwa diejenige, dass der Mensch ein Geschöpf Gottes ist oder dass er eine unsterbliche Seele hat. Diese spezifischen Überzeugungen sind nun für die Institutionen, Normen und Praktiken innerhalb meines katholischen Universums grundlegend bzw. konstitutiv, wie etwa für die Praxis der regelmäßigen Beichte, des täglichen Gebets oder des sonntäglichen Gottesdienstbesuchs. Die Überzeugungen erschließen mir die Welt des Katholizismus. Meine spezifisch katholischen Überzeugungen, die sich im Menschenbild manifestieren, sind aber nicht dafür notwendig, dass ich überhaupt an der (deutschen) Gesellschaft teilhaben kann. Das zeigt sich dann, wenn ich meinen katholischen Glauben verliere und meine katholischen Überzeugungen ablege. Dies mag für mich mit einer schmerzlichen Identitätskrise einhergehen, doch werde ich mich dennoch ohne weiteres in der deutschen Gesellschaft zurechtfinden können. Wenn ich meinen Glauben daran verliere, dass der Mensch von Gott erschaffen wurde oder dass der Mensch eine unsterbliche Seele hat, breche ich deswegen noch nicht aus der gesellschaftlich geteilten Lebenswelt aus. Und selbst dann, wenn ich damit den Zugang zu den katholischen Praktiken meiner ehemaligen Glaubensschwestern und -brüder verliere, so bleiben sie mir doch zumindest als Mitglieder einer gemeinsamen Gesellschaft in ihrem alltäglichen Agieren zugänglich.

Wenn ich hingegen aufhöre, an die gesellschaftlich geteilten Überzeugungen über den Menschen zu glauben, dann wird mir die gesamte geteilte gesellschaftliche Praxis nicht mehr zugänglich sein. Wenn ich beispielsweise den Glauben daran verliere, dass Menschen frei und für ihre Handlungen verantwortlich sind, dann verlieren die gesellschaftlichen Moralvorstellungen, das Rechts- und Strafsystem, das Erziehungssystem und ein Großteil der alltäglichen zwischenmenschlichen Kommunikation für mich ihren etablierten Sinn. Ich werde die gesellschaftliche Praxis, die Äußerungen und Verhaltensweisen meiner Mitmenschen nicht mehr als das nehmen können, als was sie gemeinhin gelten – nämlich in vielen Fällen als selbstverantwortete Akte der Freiheit. Wenn ich dies tatsächlich praktisch und nicht nur theoretisch umsetze – was äußerst schwierig sein dürfte –, dann muss die gemeinsame Lebenswelt zerbrechen – wie auch mein katholisches Universum, das ja auch auf der Idee basiert, dass Menschen frei und für das, was sie tun, verantwortlich sind.

Der fundamentale Status, den das gesellschaftliche Menschenbild im Unterschied zu den pluralen Menschenbildern einnimmt, macht sich mithin daran bemerkbar, dass dessen Annahmen nicht leicht loszuwerden sind. Das liegt zum einen daran, dass die Überzeugungen des gesellschaftlichen Menschenbildes durch Sanktionen bewehrt sind. Wer an anthropologischen Überzeugungen rüttelt, die zum gesellschaftlichen Common Sense zählen und die als Fundament von etablierten Normen, Praktiken und Institutionen fungieren, muss mit Widerspruch und Gegenwehr rechnen. Wer beispielsweise öffentlich an der Gleichheit der Menschen vor dem Gesetz zweifelt, dem schlägt (vermutlich) breite gesellschaftliche Ächtung entgegen. Das gesellschaftliche Menschenbild erhebt nicht nur den Anspruch, das wahre und richtige zu sein, es gilt auch weithin als das wahre und richtige: Es ist autoritativ. Wer seine Gültigkeit bezweifelt, muss Sanktionen in Kauf nehmen.

Zum anderen lassen sich manche Überzeugungen des Menschenbildes der Lebenswelt praktisch gar nicht leugnen. Es gibt demgegenüber jedoch auch Überzeugungen, die zwar sanktionsbewehrt sind, die man aber ohne weiteres leugnen und dies auch praktisch umsetzen kann. So kann ich beispielsweise in unserer Gesellschaft leugnen, dass alle Menschen gleichwertig sind. Ich kann dies auch praktisch umsetzen – indem ich mich etwa rassistisch äußere und andere diskriminiere – und dennoch weiterhin an der gemeinsamen Lebenswelt teilhaben.

Andere anthropologische Überzeugungen lassen sich zwar vertreten, nicht aber praktisch umsetzen. So kann ich etwa der Überzeugung sein, dass Menschen unfreie Maschinen sind, die nicht für ihre Handlungen verantwortlich gemacht werden können. Doch diese Überzeugung werde ich kaum praktisch durchhalten können. So wird etwa ein Richter meiner Beteuerung, ich hätte den Mord an meiner Ehefrau zwar minutiös geplant und durchgeführt, könne dafür aber aus prinzipiellen Gründen nicht verantwortlich gemacht werden, weil ich eine Maschine sei, entweder nur ein müdes Lächeln schenken oder aber mich in eine geschlossene Anstalt einweisen lassen. Ich werde also, um weiterhin an der gemeinsamen Lebenswelt teilhaben zu können, zumindest so tun müssen, als ob ich glauben würde, dass die Menschen frei und für ihre Handlungen verantwortlich sind, auch wenn ich vom Gegenteil überzeugt bin.

Als Ergebnis können wir festhalten:

(1) Auch in pluralistischen Gesellschaften, in denen viele unterschiedliche Menschenbilder existieren, gibt es ein gemeinsames, gesellschaftlich geteiltes Menschenbild.
(2) Das gesellschaftliche Menschenbild ist abstrakt, inhaltlich gesehen dünn und weist eine Reihe von Leerstellen auf.
(3) Das gesellschaftliche Menschenbild ist fundamental, ist in die Tiefenstruktur der Kultur einer Gesellschaft ein-

gelassen. Als solches ist es Voraussetzung dafür, dass die friedliche Koexistenz der pluralen Menschenbilder überhaupt möglich ist. Das eine gesellschaftliche Menschenbild ist der Boden, auf dem eine pluralistische Gesellschaft allein möglich ist.

Im Alltag

Unter Menschenbildern sind im Folgenden, sofern nicht ausdrücklich von dieser Definition abgewichen wird, jene individuellen oder gruppenspezifischen Menschenbilder gemeint, die mit Details angereicherte Varianten eines gesellschaftlichen Menschenbildes sind.

Menschenbilder haben ihren Sitz im Leben, sie spielen in unserem Alltag eine kaum zu unterschätzende Rolle. Um dies zu verstehen, müssen wir uns zunächst vor Augen halten, dass wir alle eine Unzahl ganz verschiedenartiger Bündel an Annahmen mit uns herumschleppen und diese in unserem Alltag auch ständig zur Anwendung bringen: Wir geraten in eine Situation, und in diesem Moment ordnen wir die Situation schon einem bestimmten Situationstypus zu und wissen, wie man sich zu verhalten hat.

Ein Beispiel: Jeder weiß, wie ein Restaurantbesuch normalerweise abläuft und was dabei zu beachten ist. Wenn wir nun in die Situation kommen, ein Restaurant zu besuchen, dann rufen wir dieses Wissen ab und können uns daher auch dementsprechend verhalten.

Ähnliches geschieht immer dann, wenn wir einem einzelnen Menschen unmittelbar begegnen: Im Moment der Begegnung ordnen wir ihn ganz automatisch einem Typus zu: Diese Person ist ein Kellner, eine Polizistin, ein Mann, eine Frau, ein Kind usw. Indem wir dies machen, ordnen wir Menschen aber nicht einfach nur begrifflichen Kategorien zu, sondern mit diesen Kategorien sind immer auch Annahmen darüber verbunden, wie es sich mit diesem Typus verhält: So kann man sich Künstler beispielsweise als kreativ, empfindsam und menschlich schwierig vorstellen,

Klempner können – zumindest hierzulande – als unzuverlässig, meistens unfreundlich, unpünktlich und teuer gelten, und Kellner sollten freundlich, aufmerksam, unauffällig und stets dann zur Stelle sein, wenn man sie braucht.

Wenn diese Bündel an Annahmen ungerecht, unangemessen oder problematisch sind, sprechen wir von Stereotypen oder Klischees. Hochproblematisch ist etwa ein auf solchen Typen beruhendes *racial profiling*, dass bestimmte Vorannahmen und Vorurteile über das Gegenüber unhinterfragt für bare Münze nimmt: Weil mein Gegenüber genauso aussieht, wie der klischeehafte Drogendealer nun mal eben aussieht, habe ich schon einen begründeten Anfangsversdacht und darf mein Gegenüber überprüfen – dabei habe ich jedoch eigentlich gar nichts in der Hand.

Doch die meisten unserer Bündel an Annahmen sind unproblematisch: Deshalb ist es angemessener, hier von Typisierungen zu sprechen. Denken wir etwa an die Typisierung für ›Vater‹, die mit der völlig unproblematischen Annahme in Verbindung steht, dass sich Väter verantwortungsvoll um ihre Kinder kümmern sollten.

Im Alltag steht uns ein ganzer Schatz solcher Typisierungen zur Verfügung, auf die wir je nach Anlass und Bedarf zurückgreifen können und die wir permanent bei der Einordnung unserer Mitmenschen und der verschiedensten Situationen anwenden. Ihre Bedeutung kann nicht überschätzt werden: Ohne sie würden wir uns in unserem Alltag nicht zurechtfinden. Typisierungen sind Instrumente, mit deren Hilfe wir Übersicht und Ordnung in die Welt hineinbringen und die uns helfen, uns einigermaßen effizient in der Welt zu orientieren und mit anderen in Interaktion zu treten. Dass wir permanent mit diesen Typisierungen arbeiten, bemerken wir aber meistens nicht, sind diese doch – wie eine Brille – durchsichtig auf das hin, was zu erfassen sie mir ermöglichen.

Zu diesem Schatz an Typisierungen, den wir zur Bewältigung des Alltages benötigen, gehört nun auch ein Bündel an Annahmen über den Menschen im Allgemeinen, d. h. ein bestimmtes Menschenbild. Lebensweltliche Menschenbilder sind nämlich nichts anderes als eine besondere Art der Typisierung. Sobald ich den Ausdruck ›Mensch‹ höre oder lese, oder sobald ich etwas wahrnehme, auf das die Anwendung der Kategorie ›Mensch‹ passt, wird das entsprechende Bündel an Annahmen ganz automatisch aktiviert.

Wieder ein Beispiel: Ich gehe im Wald spazieren und nehme im Nebel die Silhouette einer Gestalt wahr. Anhand meines Menschenbildes, das auch Annahmen umfasst, wer überhaupt zur Klasse ›Mensch‹ zählt, d. h. anhand einer Typisierung, die mir ganz selbstverständlich zur Hand ist und derer ich mir wahrscheinlich gar nicht bewusst bin, werde ich nun zu erkennen versuchen, ob diese Gestalt im Nebel ein Mensch ist. Hat sie typisch menschliche Formen, macht sie typisch menschliche Bewegungen, gibt sie typisch menschliche Laute von sich, zeigt sie typisch menschliche Reaktionen? Habe ich die Gestalt im Nebel erst einmal als die eines Menschen identifiziert, dann gehe ich ganz automatisch davon aus, dass dieses Wesen neben vielen trivialen Eigenschaften wie etwa, dass es Schmerz empfinden kann, hören und sehen kann, auch wichtige, typisch menschliche Fähigkeiten und Verhaltensweisen aufweist. So schreibe ich dem Wesen bis auf Weiteres automatisch Bewusst- und Selbstsein, Rationalität und Sprachfähigkeit oder die Fähigkeit, moralisch begründete Entscheidungen zu fällen, zu. Darüber hinaus ist mir mit der Identifikation des Phänomens als Mensch ganz automatisch eine Reihe an Annahmen über angemessene Verhaltensweisen mitgegeben, Verhaltensweisen, die man Menschen gegenüber in der Regel zeigt: Ich weiß (hoffentlich), dass man Menschen grundsätzlich mit Respekt und Freundlichkeit begegnen sollte, und so werde ich vielleicht grüßen, fragen, ob meine Hilfe benötigt wird oder ein kleines Gespräch über das miserable Wetter beginnen.

Menschenbilder funktionieren im Alltag also tatsächlich wie Typisierungen. Es handelt sich um Bündel von Annahmen über den Menschen, die ich überall hin mit mir herumschleppe und die jedes Mal, wenn ich den Ausdruck ›Mensch‹ oder das Phänomen ›Mensch‹ wahrnehme, unausweichlich aktiviert werden und dem Phänomen gleichsam übergestülpt werden. Oberflächlich betrachtet besteht der Unterschied zwischen einer normalen Typisierung und einem Menschenbild lediglich darin, dass sich normale Typisierungen auf einen bestimmten Typus von Mensch, zu dem nur einige Menschen zählen, beziehen – Klempner, Drogendealer oder Frauen –, während sich Menschenbilder auf *alle* Menschen beziehen. Doch Menschenbilder sind nicht einfach nur umfangreichere Typisierungen, sondern es handelt sich um *vorgeordnete* Typisierungen. Menschenbilder zählen zur kulturellen Tiefenstruktur einer Gesellschaft. Sie sind wesentlich vielschichtigere, und vor allem in vielen Aspekten wesentlich schwerer zu verändernde Gebilde als die meisten normalen Typisierungen, die der leichter modifizierbaren kulturellen Mikrostruktur einer Gesellschaft angehören. Meiner Vorurteile über

Klempner kann ich mich leicht entledigen, meine tiefsten Überzeugungen über den Menschen kann ich hingegen kaum ablegen. Menschenbilder stellen daher keine bloßen Typisierungen, sondern *Hyper-Typisierungen* dar. Dies lässt sich an drei Beobachtungen zeigen:

Erstens ermöglichen es Menschenbilder überhaupt erst, ein Phänomen als einen Menschen zu identifizieren. Mein Menschenbild liefert mir nämlich die Kriterien, anhand derer ich ein Phänomen als Mensch einordnen kann. Und erst nachdem ich ein Phänomen auf diese Weise als Mensch identifiziert habe, kann ich all die anderen, spezifischeren Typisierungen anwenden: Um die Gestalt im Wald als Mann oder Frau, Spaziergänger, Bauer oder Försterin zu erkennen, muss ich sie zunächst als Mensch erkannt haben. Das Menschenbild ist folglich jene Typisierung, die es – ähnlich der äußersten Matrjoschka-Puppe, in deren Inneren eine Reihe an weiteren ineinander geschachtelten Puppen wartet – zuerst zu öffnen gilt, wenn man zu den anderen Typisierungen, die den Menschen betreffen, vordringen will. Bevor ich die Gestalt im Wald als Försterin identifizieren kann, muss ich sie zunächst einmal als Menschen und nicht als Bären identifizieren. Das Menschenbild ist mithin deswegen eine Hyper-Typisierung, weil es mir den Raum des Menschlichen überhaupt erst eröffnet.

Zweitens schlagen Menschenbilder als Hyper-Typisierungen auf all die nachgeordneten Typisierungen durch. Ähnlich wie die äußerste Matrjoschka-Puppe all den in ihrem Bauch ineinander gestapelten Puppen ihre Form aufprägt, prägt auch die Menschenbild-Typisierung allen weiteren Typisierungen ihre Merkmale auf. Auch wenn ich die Gestalt im Wald als Försterin oder Bauer identifiziere, schreibe ich ihr selbstverständlich weiterhin die allgemeinen menschlichen Merkmale der Rationalität oder Sprachfähigkeit zu.

Das Menschenbild schlägt auch dann durch, wenn ich die Gestalt mittels einer Typisierung zu fassen versuche, deren Charakteristikum gerade darin liegt, darauf hinzuweisen, dass dieser Typus nicht alle allgemeinen menschlichen Eigenschaften aufweist. Wenn ich die Gestalt als kleines Kind, als Behinderte, als Greisin, als Gehörlosen identifiziere, dann weiß ich gleichzeitig darum, dass diese Typen nicht der im Menschenbild gegebenen Norm des Allgemeinmenschlichen entsprechen. Doch bildet gerade aus diesem Grunde das Menschenbild die Hintergrundfolie, vor der sich die abweichenden Typen deutlich abheben. Menschenbilder stehen also in Bezug auf die vielen Typisierungen, die wir für Menschen haben, an hierarchisch vorderster Stelle.

Dass Menschenbilder Typisierungen übergeordneter Art sind, wird drittens besonders deutlich im Falle der Selbstkorrektur: Greife ich bei einer Begegnung mit einem Klempner auf die Typisierung des Klempners als unzuverlässiger Handwerker zurück, könnte ich dabei ein schlechtes Gewissen bekommen, weil ich weiß, dass man Menschen nicht aufgrund von Vorurteilen, sondern aufgrund ihres tatsächlichen Verhaltens beurteilen sollte. Hier betrachte ich die von Vorurteilen geprägte Typisierung im Lichte meines Menschenbildes, das als übergeordnete Typisierung dient, die besagt, dass jeder Mensch einzigartig ist und es verdient, dass man ein unvoreingenommenes Urteil über ihn fällt. Eine solch höherstufige Typisierung des Menschen kommt auch dann zum Tragen, wenn man von jemandem emphatisch sagt, er oder sie sei ein Mensch: »Sie ist zuallererst ein Mensch«, »Er ist zwar ein Drogenhändler, aber er ist doch auch ein Mensch!« Die typisierende Überzeugung, die hier im Hintergrund wirksam ist und an die appelliert wird, lautet, dass jeder Mensch etwas Wertvolles ist und ihm daher mit unbedingtem Respekt begegnet werden muss. Diese typisierende Menschenbildüberzeugung stellt den Anspruch, wichtiger, richtiger und höherwertiger zu sein als die anderen Typisierungen.

Menschenbilder stellen also höhergeordnete Typisierungen dar, die mit erkenntnisleitender bzw. epistemischer und moralischer Autorität ausgestattet sind; wir halten sie für wahrer und richtiger als unsere anderen Typisierungen.

Funktionen

Keine Frage: Wir tragen unsere Menschenbilder nicht zum Spaß mit uns herum, sondern deshalb, weil wir sie brauchen. Menschenbilder erfüllen gewisse Funktionen. Es lohnt sich, diese Funktionen etwas genauer in den Blick zu nehmen, da auf diese Weise plausibler werden kann, warum wir Menschenbilder so dringend benötigen. Die wichtigsten Funktionen von Menschenbildern sind:

Erstens dienen uns Menschenbilder bei der *Identifikation* von etwas als Mensch. Menschenbilder legen die Kriterien fest, anhand derer entschieden werden kann, ob es sich bei einem Phänomen überhaupt um einen Menschen handelt.

Wenn ich im Wald undeutlich eine Gestalt erblicke, werde ich anhand eines Sets von Kriterien, das mir mit meinem Menschenbild mitgegeben ist, herauszufinden versuchen, ob es sich bei dieser Gestalt um einen Menschen handelt. Ich weiß, wie Menschen aussehen, ich weiß, wie sie sich typischerweise verhalten, ich weiß, was Menschen von Tieren und Pflanzen oder Maschinen unterscheidet. Und nur deshalb, weil ich all dies weiß, weil ich ein Bündel an Annahmen über Menschen im Allgemeinen habe, kann ich einen Menschen im Normalfall problemlos als Menschen erkennen und ihn von anderen Phänomenen wie etwa von Tieren, Pflanzen, Maschinen, Statuen und Schaufensterpuppen unterscheiden.

Mein Menschenbild dient also tatsächlich wie eine Art von Bild, mithilfe dessen ich einen Abgleich zwischen dem in der Realität erfahrenen Phänomen und eben diesem Bild durchführen kann. Stelle ich eine grundlegende Übereinstimmung zwischen Bild und Realität fest, werde ich zu dem Urteil kommen, dass es sich bei dem realen Phänomen um einen Menschen handelt.

Dass es tatsächlich unsere Menschenbilder sind, anhand derer wir Phänomene als Menschen identifizieren, wird durch einen Blick auf andersartige Menschenbilder deutlich. Wenn das Menschenbild etwa die Annahmen umfasst, dass Menschen Kleidung verwenden, schamhaft sind und Fleisch gekocht oder gebraten essen, dann werden – wie man insbesondere aus der Geschichte des Kolonialismus lernen muss – Menschen, die keine Kleidung tragen, die augenscheinlich keine Scham empfinden und rohes Fleisch verzehren, nicht als Menschen identifiziert. Wenn das Menschenbild die Annahme umfasst, dass nur weiße Menschen echte Menschen sind, dann werden schwarze Menschen nicht als (vollwertige) Menschen wahrgenommen. Wenn das Menschenbild die Annahme umfasst, dass nur Männer vollwertige Menschen sind, werden Frauen nicht als (vollwertige) Menschen wahrgenommen, wie die lange Geschichte der Unterdrückung der Frau dokumentiert.

Zweitens: Indem Menschenbilder uns ermöglichen, ein Phänomen als Mensch zu identifizieren, haben Menschenbilder zugleich eine *welterschließende Funktion*: Sie machen den Referenten Mensch allererst zugänglich. Dies geschieht auf zweifache Weise: Zum einen erschließt mir mein Menschenbild konkrete menschliche Individuen, ermöglicht es mir doch, ein Phänomen überhaupt als einen Menschen zu identifizieren. Zum anderen hilft mir mein Menschenbild, die konkreten Individuen eben als Exemplare eines übergeordneten allgemeinen Typus zu erkennen. Damit zeigt es mir die menschlichen Individuen als Entitäten, denen ich qua Typuszugehörigkeit bestimmte Eigenschaften zuschreibe. Indem ich jemanden als Menschen identifiziere, weiß ich von ihr oder ihm auch schon alles, was ich über den Typus Menschen, den Menschen im Allgemeinen weiß. So kommt es, dass ich dem Phänomen, das ich als Mensch identifiziert habe, automatisch eine ganze Reihe an menschlichen Eigenschaften zuspreche (z. B. Vernunft und Sprachkompetenz, aber auch Schlafbedürfnis, Schmerzempfindlichkeit, zwei Augen und zwei Ohren usw.). Damit aber ist mir das Phänomen nicht mehr völlig unbekannt, im Gegenteil, ich weiß ganz grundsätzlich, wie es sich mit ihm verhält; es ist mir auf grundlegende Art und Weise erschlossen.

Drittens gehört zu den Funktionen von Menschenbildern auch zentral, dass ich dem Phänomen einen bestimmten Ort in der Ordnung der Dinge, eine bestimmte »Stellung im Kosmos« zuschreibe. Ich könnte beispielsweise denken, dass der Mensch wertvoller als die meisten anderen Wesen ist und Rechte hat, die kein anderes Wesen hat und damit mächtiger als viele Wesen ist usw.

Wie jede Kategorisierung schaffen Menschenbilder damit *Ordnung* und stiften *Zusammenhänge.* So ermöglichen sie die Zuordnung individueller Phänomene (Menschen) und bestimmter Gruppen von Phänomenen (Onkel, Tanten, Busfahrer usw.) zu einer bestimmten übergeordneten Klasse von Phänomenen (Mensch). Zudem ermöglichen sie, diese Klasse von Phänomenen von allen anderen Klassen von Phänomenen (z. B. Tieren, Maschinen oder Pflanzen) zu unterscheiden und sie gleichzeitig in Beziehung zu ihnen zu setzen. Das Menschenbild ordnet dem Menschen mithin einen klaren Platz innerhalb des Gefüges der Dinge der Welt als Ganzer zu.

Viertens: Wenn wir mithilfe unseres Menschenbildes ein Phänomen als Menschen identifizieren, dann ordnen wir ein individuelles Phänomen einem allgemeinen, abstrakten Typus unter. Indem wir dies tun, *reduzieren wir die Komplexität* der Wirklichkeit. Und dies tun wir in zweifacher Weise: Zum einen führen Menschenbilder die Myriaden an menschlichen Individuen, die es gab, gibt und geben wird, auf eine abstrakte Vorstellung von ›der Mensch‹ zurück. Zum anderen reduzieren Menschenbilder die vielen individuellen Eigenheiten der vielen menschlichen Individuen, ihre mannigfaltigen unterschiedlichen Fähigkeiten, Charaktereigenschaften, Präferenzen oder Lebensgeschichten sowie ihr reichhaltiges Verhaltensrepertoire auf einige grundlegende allgemeine Aspekte. So wird etwa von individuellen und situationsbedingten Handlungsanreizen abgesehen und menschliches Verhalten auf einige abstrakte allgemeinmenschliche Handlungsmotivationen wie z. B. Rationalität und Egoismus zurückgeführt.

Durch die Reduzierung der Komplexität erlauben uns Menschenbilder also, die im Prinzip unendlich vielen menschlichen Individuen in einer Einheit zu fassen, sie lassen uns *den* Menschen als einigermaßen qualifizierte Größe denken. Sie ermöglichen uns, mit uns unbekannten Menschen zu interagieren, weil wir ein grundsätzliches Wissen darüber haben, wie sie sind und wie sie sich (normalerweise) verhalten werden. Und schließlich ermöglichen uns Menschenbilder, mit mehreren Interaktionspartnern zugleich zu interagieren, weil wir von den vielfältigen Differenzen zwischen den Interaktionsteilnehmern absehen und sie auf einen gemeinsamen Nenner bringen können.

Wenn ich mir etwa meine Gitarre nehme und mich als Straßenmusikant auf den Hauptplatz einer mir fremden Stadt stelle, gehe ich davon aus, dass meine Darbietung, so sie denn halbwegs gut ist, sicherlich einigen der Passanten missfallen, aber anderen auch Freude bereiten wird – so viel Freude, dass sie mir die eine oder andere Münze in meinen aufgeklappten Gitarrenkoffer werfen. Auf jeden Fall aber unterstelle ich den mir allesamt unbekannten Menschen, dass sie sich im Großen und Ganzen rational verhalten werden. Keine und keiner von ihnen wird mich aus Ärger beißen, niemand wird mich erschlagen, niemand wird sich nackt ausziehen und zu meinen Klängen tanzen. Würde ich davon ausgehen, dass sich Menschen so verhalten, hätte ich meine Gitarre vermutlich lieber zu Hause gelassen. Ich betätige mich folglich unter anderem deswegen als Straßenmusikant, weil ich ein Menschenbild habe, das mir sagt, dass sich Menschen normalerweise rational verhalten und mir mehr oder weniger freundlich begegnen werden.

Fünftens dienen Menschenbilder darüber hinaus auch dazu, Phänomene zu erklären. Mein Menschenbild hilft mir ja nicht nur, die Gestalt im Nebel als Menschen zu identifizieren, sondern es erschließt mir zugleich auch, dass sich die Gestalt so verhält, wie sie sich verhält, also etwa aufrecht geht oder sprechen kann, *weil* sie ein Mensch ist. Mein Menschenbild umfasst nämlich die Annahme, dass es für Menschen typisch ist, ein bestimmtes Verhalten zu zeigen. Wenn die Gestalt im Nebel dieses Verhalten zeigt, dann verhält sie sich daher genau so, wie es für Menschen typisch ist. Ihr Verhalten erklärt sich folglich daraus, dass sie ein Mensch ist.

Hier greift ein bekanntes Muster für Erklärungen: Ein Phänomen können wir dann als erklärt verstehen, wenn wir es auf etwas uns Bekanntes zurückführen können. Wenn ich die Gestalt im Nebel als einen Menschen identifizieren kann, dann ist es mir gelungen, ein Phänomen auf ein mir bekanntes Konzept – den Typus ›Mensch‹ – zurückzuführen. Und aus der Typuszugehörigkeit lässt sich dann wiederum erklären, warum das Phänomen so ist, wie es ist.

Stellen wir uns vor, ich gehe auf einer Straße und mir begegnet ein Hund, der vor mir stehen bleibt und mich nach dem Weg fragt. Abgesehen davon, dass mir der sprechende Hund einen riesigen Schrecken einjagen würde, würde er vermutlich mein ganzes Weltbild auf den Kopf stellen, da in ihm kein Platz für sprechende Hunde vorhanden ist. Umso erleichterter wäre ich, wenn ich bei genauerem Hinsehen feststellen könnte, dass es sich bei dem Hund um einen raffiniert verkleideten Menschen handelt, der auf dem Weg zu einer Karnevalsveranstaltung ist. Dass Menschen sprechen und einen auf der Straße manchmal nach dem Weg fragen, ist ein für Menschen normales Verhalten. Der verkleidete Mensch taugt als beruhigende Erklärung für das Sprechen des Hundes allerdings nur deswegen, weil ich der Überzeugung bin, dass das Sprechen ein für Menschen typisches bzw. normales Verhalten ist. Folglich dient mein Bild des Menschen (das die Annahme umfasst, dass Menschen typischerweise sprechen) als Erklärung.

Darüber hinaus bieten Menschenbilder aber auch übergeordnete Erklärungen an, *warum* der Mensch so ist, wie er ist; sie liefern Erklärungen für die Faktizität des Menschen (mit den Annahmen der Tab. 1, Frage 11). So können uns Menschenbilder beispielsweise übergeordnete Erklärungen dafür geben, warum der Mensch böse ist. Dem christlichen Menschenbild zufolge ist der Mensch etwa deswegen böse, weil er sich in einem Akt des Ungehorsams und der freien Entscheidung selbst überhöht und von Gott abgewendet hat und seither den Makel der Erbsünde trägt. Biologistische Menschenbilder legen uns nahe, dass Egoismus und Aggressivität evolutionär bedingt und aus dem Prozess der Mutation und Selektion hervorgegangen sind. Romantische und marxistische Menschenbilder wiederum erklären uns, dass das Böse des Menschen eine Folge der Entfremdung von der ursprünglichen Natur des Menschen ist. Mit all diesen Erklärungen wird der Mensch gleichsam in einen größeren, übergreifenden Zusammenhang gestellt, aus dem heraus sich die Art und Weise, wie der Mensch (geworden) ist, erklärt. Die Faktizität des Menschen, sein Sosein, leitet sich aus der Faktizität der Welt bzw. dem Sosein des Ganzen ab.

Indem Menschenbilder diese übergeordneten Erklärungen anbieten, leisten sie zweierlei: Sie lassen zum einen das Sosein des Menschen als notwendig erscheinen. Dass der Mensch so ist, wie er ist – so sagen uns die Menschenbilder –, ist kein Zufall, sondern liegt in tieferen Zusammenhängen, ja: letztlich in der Struktur der Welt als Ganzem begründet. Menschenbilder erklären also, warum der Mensch so ist, wie er ist, und sagen damit, dass der Mensch eben einerseits nicht zufällig so ist, wie er ist, und andererseits auch gar nicht anders sein kann, als so zu sein, wie er ist.

Damit begründen sie zum anderen auch, warum es richtig ist, zu glauben, dass der Mensch eben so ist, wie er ist. Durch die weitergehenden Erklärungen legitimieren sich Menschenbilder selbst. Eine bestimmte Auffassung vom Menschen wird dadurch legitimiert, dass sie in ein übergeordnetes Sinnganzes – die Auffassung von der Welt als Ganzem – eingebettet wird.

Sechstens dient diese Legitimierung der Menschenbilder durch Erklärungen nun ihrerseits der *Stabilisierung* und der *Bewältigung von Kontingenz.* Sie eignet sich deshalb zur Stabilisierung, weil durch sie eine bestimmte Auffassung des Menschen als nicht weiter hinterfragbar, als wahr, richtig und notwendig dargestellt wird. Und dies wiederum dient der Bewältigung von Kontingenz, weil damit die Kontingenz der Auffassungen vom Menschen ausgeblendet wird.

Menschenbilder sind ja in realiter nicht notwendigerweise so, wie sie sind. Wir wissen dies von unseren individuellen und gruppenspezifischen Menschenbildern, da wir in einer pluralistischen Gesellschaft leben und häufig mit anderen Menschenbildern konfrontiert sind. Mit dieser (beschränkten) Kontingenz haben wir (bzw. die meisten) mittlerweile zu leben und umzugehen gelernt. Doch ist der Gedanke, dass auch das gemeinsam geteilte gesellschaftliche Menschenbild radikal anders sein könnte (was ja die individuellen und gruppenspezifischen Menschenbilder ebenso treffen würde), fast schon notwendigerweise bedrohlich: Wenn ich erlebe, dass unsere gemeinsame Auffassung vom Menschen tatsächlich völlig anders sein könnte, erschüttert dies auch die in der unhinterfragten Anwendung des Menschenbildes reduzierte Komplexität und mithin die Ordnung, den Zusammenhang und die Berechenbarkeit, die durch dieses Menschenbild gestiftet worden ist bzw. wird. Indem sich das Menschenbild auf einer übergeordneten Ebene legitimiert (s. Tab. 1, Frage 11) und sich dadurch als die richtige und notwendige Auffassung vom Menschen inszeniert, wird versucht, die Gefahr der Kontingenz zu bannen. Unser gemeinsames Menschenbild (vgl. Tab. 2) wird beispielsweise unter anderem dadurch gesichert, dass es als historische Errungenschaft und gemeinsames Erbe sowie als wissenschaftlich abgesichert verstanden wird.

Siebtens dienen uns Menschenbilder außerdem zur *Interpretation* menschlichen Verhaltens. Meine Annahmen über wichtige Eigenschaften des Menschen werfen ein bestimmtes Licht auf all das, was ich an mir und meinen Mitmenschen wahrnehme. Wenn ich etwa davon überzeugt bin, dass Menschen im Kern ihres Wesens egoistisch sind und prinzipiell nur ihren eigenen Vorteil im Auge haben, dann werde ich dazu tendieren, egoistisches Verhalten als natürlich und authentisch, altruistisch erscheinendes Verhalten dagegen als unnatürlich und sogar als heuchlerisch zu bewerten. Ich werde altruistische Regungen bei mir und anderen als verkappte Egoismen zu deuten wissen. Wenn ich etwa jemanden dabei beobachte, wie er einem Bettler Geld gibt, werde ich ihm möglicherweise unterstellen, dass er damit nur sein schlechtes Gewissen beruhigen will, das ihm von der Gesellschaft anerzogen wurde, oder dass er dies nur aus dem Grund macht, weil er sich von anderen beobachtet weiß, in deren Augen er als großzügig und mildtätig gelten will. Kurz: Ich werde ihm seine augenscheinlich altruistischen Motive nicht abnehmen.

Wenn ich hingegen der Überzeugung bin, dass Menschen in ihrem Kern gut und altruistisch veranlagt sind, werde ich altruistische Motive und Handlungen für echt halten und egoistische Regungen gesellschaftlichen Missständen, einer unglücklich verlaufenen Kindheit, einer ungünstigen Sozialisation oder anderen äußeren Einflüssen zuschreiben. Und wenn jemand, der für seinen Egoismus bekannt ist, dennoch mildtätig ist, werde ich geneigt sein, diese Mildtätigkeit einem ›im Grunde guten Kern‹ zuzurechnen. Menschenbilder – und hier spielen häufig gerade auch jene Details der gruppenspezifischen und individuellen Menschenbilder eine Rolle, die sich nicht im allgemeinen gesellschaftlichen Menschenbild wiederfinden – dienen also folglich dazu, menschliches Verhalten zu interpretieren. Dies machen wir freilich nicht bewusst, sondern meistens unbewusst und automatisch. Ein Menschenbild wirkt wie eine selbst unsichtbare Folie, durch die hindurch wir die Menschen betrachten und die manche Aspekte heraushebt und schärfer kontrastiert, während sie gleichzeitig andere Aspekte weichzeichnet oder ganz überdeckt.

Achtens dienen unsere Menschenbilder – also sowohl das gesellschaftliche als auch die gruppenspezifischen und individuellen Varianten mit ihren Differenzen zu Ersterem – auch dazu, andere Annahmen und die mit ihnen verbundenen Normen, Institutionen, Praktiken und Handlungen *zu legitimieren*. Besonders deutlich wird dies im Bereich der Moral. Die Frage, was wir als moralisch richtig und falsch ansehen, hängt wesentlich davon ab, was wir glauben, was der Menschen sei. Wenn wir beispielsweise der Ansicht sind, dass alle Menschen – unabhängig von Geschlecht, Hautfarbe, sexueller Orientierung oder Religionszugehörigkeit – grundsätzlich den gleichen moralischen Status haben, werden wir Praktiken wie Sklaverei, Rassismus oder sexuelle Unterdrückung als unmoralisch ansehen. Sind wir hingegen der Ansicht, dass Menschen nicht den gleichen moralischen Status haben, sondern nach Geschlecht, Hautfarbe, Rassenmerkmalen, Religionszugehörigkeit oder Intelligenz moralisch unterschieden werden müssen, werden wir die grundsätzliche Gleichbehandlung von Menschen als moralisch falsch ansehen.

Ebenso eng wie der Zusammenhang zwischen Überzeugungen über den Menschen und moralischen Überzeugungen ist derjenige zwischen jenen und pädagogischen Überzeugungen. Je nachdem, ob ich den Menschen etwa für ein grundsätzlich gutes, einzigartiges, zu Freiheit und Selbstbestimmung berufenes Wesen halte, oder aber ob ich der Ansicht bin, dass der Mensch ein im Kern egoistisch veranlagtes Individuum ist, dass sich nahtlos in die Gesellschaft einzufügen hat, werde ich unterschiedliche pädagogische

Konzepte für richtig halten. Das eine Mal werde ich – angelehnt an humanistisch-aufklärerisches Gedankengut – die Erziehung zum kritischen, autonomen Geist, der die in jedem Menschen schlummernden, einzigartigen Anlagen zur Entfaltung bringen soll, fordern. Das andere Mal werde ich vielleicht eine Erziehung für richtig halten, die darauf abzielt, den natürlichen egoistischen, gemeinschaftszersetzenden Willen des Einzelnen unter Umständen sogar mit Gewalt zu brechen, um ihn als ein Mitglied in das Ganze der Gesellschaft einzugliedern, das das Gemeinwohl über sein Individualwohl stellt.

Ähnlich eng sind Menschenbilder, ob nun gesellschaftlich, gruppenspezifisch oder individuell, mit politischen und gesellschaftlichen Überzeugungen verflochten. Wenn ich etwa der Ansicht bin, dass Menschen grundsätzlich gleich sind, dann werde ich weder eine rassistisch noch eine stark ständisch organisierte Gesellschaft gutheißen können. Bin ich der Ansicht, dass alle Menschen die grundsätzliche Fähigkeit zu einem Leben in Freiheit, Selbstbestimmung und Vernunft haben, dann werde ich ein demokratisches System für angemessen halten. Bin ich hingegen der Überzeugung, dass Menschen nicht dazu fähig sind, mit Freiheit umzugehen, werde ich Sympathien für autoritäre politische Systeme haben, in denen die Massen von einer starken Hand gelenkt werden. Wenn ich der Überzeugung bin, dass Menschen grundsätzlich selbstbestimmt, die Schmiede ihres Glückes und mithin für ihr Leben selbst verantwortlich sind bzw. sein sollten, werde ich verpflichtenden sozialstaatlichen Sicherungssystemen skeptisch gegenüberstehen, da ich diese als tendenziell entmündigend ansehen werde. Bin ich hingegen der Auffassung, dass der Freiheitsspielraum von Menschen klein ist, da Menschen auch das Produkt äußerer – genetischer, gesellschaftlicher oder anderer kontingenter – Einflüsse sind, werde ich sozialstaatliche Sicherungssysteme für richtig halten. Denn schließlich ist dann das Elend, in das jemand gerät, nicht ausschließlich eine Folge selbstbestimmter und voll zu verantwortender Entscheidungen, ebenso wenig, wie der Erfolg, der einigen vergönnt ist, das wohlverdiente Ergebnis der eigenen Anstrengungen, sondern – zumindest zum Teil – unverdientes Glück ist, das einem eigentlich nicht zusteht und das daher mit denjenigen, die weniger Glück haben, zu teilen ist.

All diese Beispiele machen eines deutlich: Unsere Annahmen über den Menschen dienen als legitimatorische Basis für etwa unsere moralischen, pädagogischen oder politischen Überzeugungen und der auf diesen aufbauenden Handlungen, sozialen Ordnungen, Institutionen oder Praktiken.

Neuntens legitimieren unsere Menschenbilder all dies nicht nur, sondern haben auch eine *Orientierungsfunktion*, die auf zweifache Art und Weise wirksam ist: Menschenbilder informieren uns zum einen darüber, wie Menschen faktisch bzw. typischerweise sind. Sie umfassen ein *Realbild* des Menschen. Dieses orientiert insofern, als es das Maß der Normalität definiert, an dem wir unser eigenes und das Verhalten unserer Mitmenschen messen.

Wenn ich etwa der Überzeugung bin, dass Menschen im Kern egoistisch motivierte, rationale Nutzenmaximierer sind, dann werde ich es für selbstverständlich halten, dass sie sich egoistisch und nutzenmaximierend verhalten, und ich werde nichts dagegen haben, selbst egoistisch zu sein und rational nach der Maximierung meines Nutzens zu streben. Menschen, die ihre egoistischen Impulse unterdrücken, werden mir hingegen seltsam bzw. nicht normal vorkommen.

Menschenbilder sagen also, was von anderen erwartet werden kann. Sie bilden die Grundlage für gegenseitige Erwartungen und für die Bestimmung dessen, was als Normalität menschlichen Handelns gilt.

Zum anderen orientieren Menschenbilder uns durch normative Annahmen darüber, wie Menschen sein sollen; sie propagieren ein *Idealbild* des Menschen. Dieses wirkt vor allem in der Pädagogik als Vorbild und dient als Kontrastfolie, um die realen Verhältnisse einer kritischen Bewertung zu unterziehen.

Zehntens ist die Tatsache besonders wichtig, dass wir durch Menschenbilder – vor allem durch die gruppenspezifischen und individuellen – unsere *Identität* bestimmen. Menschenbilder liefern uns ja nicht nur den Maßstab dafür, wer oder was der Mensch ist, sondern auf diese Weise zugleich auch, wer oder was *wir selbst* als Menschen sind. Sie sind unauflöslich mit unseren individuellen Selbstbildern verflochten.

Freilich gilt es hier zu differenzieren: Für einige Menschen spielt ihr Menschenbild im Zusammenhang mit ihrer eigenen Identität eine besonders wichtige Rolle. Wenn ich mich z. B. als Christ verstehe, dann verstehe ich mich möglicherweise auch im Lichte des christlichen Menschenbildes, d. h., ich bin davon überzeugt, dass ich selbst – wie alle anderen Menschen auch – in meiner Einzigartigkeit von Gott geschaffen und von ihm geliebt bin, dass ich eine unsterbliche Seele habe usw. In diesem Falle ist folglich ein

Menschenbild für mein Selbstverständnis – neben vielem anderen wie etwa meiner Herkunft, meinem Beruf oder meiner Lebensgeschichte – grundlegend.

Für einige Menschen ist ihr Menschenbild im Zusammenhang mit ihrer eigenen Identität nicht nur deswegen wichtig, weil es ihnen sagt, wie sie sich als Menschen zu verstehen haben, sondern auch deswegen, weil sie sich in ihrer Selbstbestimmung direkt auf ein Menschenbild beziehen: Wenn ich mich etwa emphatisch als Humanist bezeichne, dann verstehe ich mich selbst nicht nur im Lichte des humanistischen Menschenbildes, sondern darüber hinaus als jemand, der ein humanistisches Menschenbild vertritt. Ich beziehe meine Identität in diesem Falle auch daraus, dass ich mich zu einem bestimmten Menschenbild bekenne.

Daneben gibt es aber freilich auch Menschen, für deren Identität nicht ein Menschenbild, sondern beispielsweise das Selbstverständnis einer Gruppe, der sie sich zugehörig fühlen, zentral ist. So kann ich mich z. B. in erster Linie dadurch definieren, dass ich ein Schotte, ein Jude oder ein Weißer bin. Doch auch diese Menschen beziehen sich zumindest implizit auf ein Menschenbild, das zwischen Schotten und Nichtschotten, zwischen Juden und Nichtjuden, zwischen Weißen und *People of Color* differenziert. Mit anderen Worten: Unabhängig davon, welche nun die primären Bezugsgrößen meiner Identität sind, stellt mein Menschenbild eine für mein Selbstbild wichtige Größe dar. Menschenbilder haben eine *identitätsstiftende Funktion.*

Im Zentrum der Kultur

Die zweite, eingangs formulierte These lautet: Menschenbilder sind nicht einfach irgendwelche Größen, sondern sie bilden das Zentrum einer jeweiligen Gesellschaft und ihrer Kultur. Freilich gilt dies nur für gesellschaftliche Menschenbilder, die von nun an im Zentrum der Untersuchung stehen sollen. Individuelle Menschenbilder stehen demgegenüber nur im Zentrum der je individuellen Weltbilder, gruppenspezifische Menschenbilder im Zentrum der je gruppenspezifischen (Sub-)Kulturen.

Vielfältige Verflechtungen

Menschenbilder sind auf vielfältige Art und Weise in das kulturelle System einer Gesellschaft integriert. Sie stehen nicht isoliert für sich allein, sondern sind eingeflochten in ein dicht gesponnenes Netz von Bezügen zu anderen Überzeugungen, zu den mit ihnen verbundenen Institutionen oder Praktiken.

Dies lässt sich am Beispiel des gruppenspezifischen christlichen Menschenbildes veranschaulichen: Dieses ist eingebettet in ein umfassendes Überzeugungssystem – den christlichen Glauben –, das wiederum mit Institutionen wie der christlichen Kirche, dem kirchlich strukturierten Jahr mit seinen vielen großen und kleinen Festen, mit Praktiken wie etwa dem Besuch eines sonntäglichen Gottesdienstes, dem täglichen persönlichen Gebet, Beichte und Buße oder dem Fasten in engster Verbindung steht.

Doch sind die Beziehungen zwischen den Elementen

dieses Systems nicht alle gleich festgefügt und gleich wichtig. So ist es für unsere Überzeugungen über den Menschen ziemlich unerheblich, ob wir nun der Ansicht sind, dass Pluto ein Planet oder doch nur ein Zwergplanet ist. Zu anderen Überzeugungen hingegen bestehen engere Verbindungen. So lassen sich etwa unsere Überzeugungen in Bezug auf den Ursprung des Universums nur schwer von unseren Überzeugungen in Bezug auf den Ursprung des Menschen trennen. Wer glaubt, dass sich das Universum einem zufälligen kosmischen Ereignis verdankt, wird auch dem Menschen einen zufälligen Ursprung zuschreiben. Wer hingegen an die – wie auch immer vor sich gegangene – Schöpfung des Universums durch (einen) Gott glaubt, muss auch die Schöpfung des Menschen letztlich in Gottes Hand legen.

Im Folgenden sollen einige exemplarische Verknüpfungen herausgegriffen werden: Zunächst weisen Menschenbilder enge Verknüpfungen zu grundlegenden Überzeugungen zu den ›Grundstoffen‹ des Universums auf. Wer der Überzeugung ist, dass nur das existiert, was materiell gegeben ist, kann nicht an die Existenz einer immateriellen menschlichen Seele glauben. Wer hingegen meint, dass die Frage, ob der Mensch eine Seele hat, letztlich rational nicht beantwortbar ist, muss auch die Frage nach den letzten Grundstoffen für nicht beantwortbar halten. Wer der Überzeugung ist, dass sich Menschen in Tiere und umgekehrt sich Tiere in Menschen verwandeln können, muss auch Überzeugungen haben, die eine solche Verwandlung grundsätzlich zulassen.

Überzeugungen über den Menschen hängen auch mit Überzeugungen über andere Entitäten, die die Welt bevölkern, zusammen, seien es nun Steine, Pflanzen, Tiere, Geister, Götter, Roboter oder was auch immer. Die Überzeugungen darüber, dass und worin sich Menschen von all diesen Entitäten unterscheiden und worin sie Gemeinsamkeiten haben, setzt diese Überzeugungen über den Menschen mit den Überzeugungen über diese Entitäten in eine enge Beziehung.

Ein Beispiel: In den aktuellen Auseinandersetzungen um den Tierschutz geht es insbesondere um die Frage, ob Menschen Tiere essen dürfen. Hier steht nicht nur zur Debatte, wie wir Menschen mit Tieren umgehen sollen, sondern immer auch, worin nun die Gemeinsamkeiten und vor allem die relevanten Unterschiede zwischen Mensch und Tier bestehen, die eine Ungleichbehandlung rechtfertigen könnten.

An dieser Stelle wirken Überzeugungen über wichtige Eigenschaften des Menschen direkt auf die Einschätzung der moralischen Rechte der Tiere, und viele Überzeugungen in Bezug auf die Eigenschaften der Tiere beeinflussen die Einschätzung der moralischen Rechte des Menschen. Gelangten wir z. B. zu der Überzeugung, dass Schweine zumindest im Ansatz über höhere kognitive Fähigkeiten (z. B. Selbstbewusstsein, Planungsfähigkeit, Zeitbewusstsein) verfügen, dann hätte dies unmittelbare Auswirkungen auf die Einschätzung dieser Fähigkeiten beim Menschen: Diese könnte dann nicht mehr als jene exklusiven Eigenschaften des Menschen angesehen werden, die den herausragenden moralischen Status des Menschen begründen. Es wäre dann auch nicht mehr zu begründen, warum Menschen Schweine zu Koteletts verarbeiten dürfen.

Unsere Menschenbilder sind eng mit unseren Vorstellungen darüber verflochten, was moralisch richtig und was moralisch falsch ist, welche Art der Pädagogik angemessen und zielführend ist, oder wie ein Rechtssystem auszusehen hat und wie eine Gesellschaft organisiert sein sollte.

Die Bündel an Überzeugungen über den Menschen, die wir haben, sind nicht nur in diese großen orientierenden, moralischen, pädagogischen, rechtlichen und sozialen Überzeugungszusammenhänge, sondern auch in die vielen alltäglichen Selbstverständlichkeiten eingewoben, die wir unhinterfragt als gegeben hinnehmen. Dies wird bereits deutlich an den vielen Typisierungen, die wir verwenden, um unsere Mitmenschen zu erfassen und einzuordnen.

All diese Typisierungen sind mit Menschenbild-Hyper-Typisierungen verbunden, die sich den Typisierungen in unterschiedlicher Weise aufprägen. Unabhängig davon, ob ich jemanden als Klempner, als Ausländerin, als Bettler, als Industrielle, als Politiker oder als Soldatin typisiere: Ich typisiere sie oder ihn immer zugleich als Menschen und schreibe ihr oder ihm daher automatisch jene Eigenschaften zu, die ich Menschen im Allgemeinen zuschreibe.

Darüber hinaus fließt mein Menschenbild – vor allem das gesellschaftliche, doch dabei spielen häufig auch die individuellen und gruppenspezifischen Details eine Rolle – in viele meiner alltäglichen Urteile ein: Wenn ich etwa die Bemühungen der Regierung um barrierefreie Zugänge in öffentlichen Gebäuden begrüße, dann spielt in mein Urteil ein Menschenbild hinein, das besagt, dass wirklich alle Menschen ein Recht auf Teilhabe am gesellschaftlichen Geschehen haben sollten. Wenn ich mich über einen gesund und kräftig wirkenden Bettler, der am Rand einer Fußgängerzone um Almosen bittet, ärgere und ihm an den Kopf werfe, er solle doch lieber arbeiten gehen, dann spielt die

Überzeugung mit, dass Menschen lieber versuchen sollten, so weit wie möglich von ihrer Hände Arbeit zu leben, und erst dann auf Mitleid hoffen sollten, wenn dies, aus welchen Gründen auch immer, tatsächlich nicht mehr geht. Wenn ich am Straßenrand einen mir unbekannten Gegenstand finde, den ich zweifelsfrei als ein menschliches Artefakt identifiziere, dann werde ich mich fragen, wozu dieser Gegenstand dient. Damit unterstelle ich aber automatisch, dass Menschen Gegenstände herstellen, die zu etwas dienen. Meine Überzeugung, dass Menschen im Allgemeinen zweckrational handeln, bildet also den unausgesprochenen Hintergrund meiner Deutung des Artefakts.

Drastisch sichtbar wird die Vernetzung von Menschenbildern mit anderen Überzeugungen, Normen, Praktiken und Institutionen des Alltags in jenen Gesellschaften, die von anderen Menschenbildern als dem uns vertrauten ausgehen. Im Südafrika der Apartheid wurde in jedem öffentlichen Bus, in dem Schwarze auf anderen Plätzen sitzen mussten als Weiße, auf jeder Parkbank, die für entweder die eine oder die andere Bevölkerungsgruppe reserviert war, an jedem Strand, auf jeder Toilette und an jedem Waschbecken, in jedem Restaurant, das für Schwarze oder für Weiße reserviert war, ja in den vielfältigen diskriminierenden Gesten und Verhaltensmustern, die man sich gegenseitig zu zeigen hatte, klar, dass das rassistische Menschenbild bis tief in die kleinsten Verästelungen ganz alltäglicher Überzeugungen, Einrichtungen und Praktiken hinein verwoben ist. So manifestiert sich etwa allein in dem abwertenden Blick, den Weiße ohne einen Funken schlechten Gewissens millionenfach ganz automatisch auf *People of Color* geworfen haben (und immer noch werfen), nicht nur die Typisierung der *People of Color* als Menschen zweiter Klasse, sondern eben auch ein rassistisches Menschenbild, das die Menschen in Gruppen zweier oder mehrerer Klassen unterschiedlicher Werthaftigkeit einordnet.

Für diese Allgegenwart der Bündel von Überzeugungen über den Menschen ist man blind, wenn man sie als selbstverständlich nimmt. So tritt in unseren Breitengraden deswegen kaum ins Bewusstsein, dass das so selbstverständliche Fehlen diskriminierender Einrichtungen und Praktiken sowie die (den meisten) so selbstverständliche Kritik an Resten diskriminierender Überzeugungen und Praktiken zutiefst mit einem egalitären Menschenbild verflochten ist. Dieses Menschenbild ist uns – sicherlich nicht durchgängig, wie der auch hier noch auftretende Rassismus belegt – so vertraut und so selbstverständlich geworden, dass wir sein Vorhandensein bzw. unsere Prägung durch es gar nicht wahrzunehmen imstande sind.

Besonders offensichtlich ist die Vernetzung von Menschenbildern mit kulturellen Systemen auch dort, wo es zu Änderungen oder Verschiebungen zentraler Überzeugungen eines solchen Systems kommt. In diesem Falle zieht nämlich die Veränderung einer Überzeugung unmittelbar die Veränderung anderer Überzeugungen nach sich.

Deutlich wird dies beispielsweise an der von dem Kunsthistoriker Jacob Burckhardt (1818–1897) beschriebenen Entdeckung der Individualität in der Renaissance. Der Wandel des Menschenbildes, der sich in der Renaissance vollzieht, steht im Kontext umfassender Verschiebungen des Wissens in allen Bereichen des Lebens: in der Kunst mit ihren neuartigen (Selbst-)Porträts und der Entdeckung der Zentralperspektive durch Filippo Brunelleschi (1377–

1446), mit der der völlig unvergleichliche Blickwinkel des Betrachtenden als konstitutive Größe in den Fokus der Aufmerksamkeit rückt; in der in republikanischen Stadtstaaten organisierten Gesellschaft mit ihren bürgerlichen Freiheiten; oder in der aufblühenden Wissenschaft und ihrem Interesse an neuen naturwissenschaftlichen Fragestellungen und ihrer Orientierung an mathematischer Klarheit, die dann das beherrschende Thema der Neuzeit werden. Die jeweilige Veränderung des bis dato in einer Gesellschaft gültigen Menschenbildes ist kein isoliertes Geschehen, sondern steht jeweils im Kontext umgreifender Umbrüche der gesellschaftlichen Wissensbestände.

Im Zentrum der Kultur

Lebensweltlich verknüpfte Menschenbilder sind also auf vielfältige Weise in das kulturelle System einer Gesellschaft eingesponnen. Doch Menschenbilder – gemeint sind damit, sofern nicht anders vermerkt, nun ausschließlich gesellschaftliche – sind nicht einfach nur Bestandteile kultureller Systeme, sondern bilden deren Zentrum. Dies aus mindestens vier Gründen:

Erstens sind Menschenbilder, d. h. Bündel an Überzeugungen über den Menschen, deswegen zentral, weil sie eben gerade Überzeugungen über den Menschen sind, d. h., es sind Überzeugungen über den zentralen Akteur und den Träger des kulturellen Systems einer Gesellschaft. Dieses System ist ja für den Menschen da, es existiert nur aus dem Grund, weil es Menschen gibt, die es benötigen, es ist nur da, damit sich Menschen mit seiner Hilfe einen

Reim auf die Welt machen können, sich in der Welt einrichten und sich in ihr zurechtfinden können. Das Menschenbild ist dasjenige Element des kulturellen Systems, mithilfe dessen sich der Mensch in dieses System einbindet: Meine Eltern und die Gesellschaft, in der ich aufwachse, lehren mich und vermitteln mir, dass ich ein Mensch bin. Dadurch lerne ich mich selbst als Mensch zu verstehen. Indem ich dies mache, schreibe ich mir eine Bedeutung zu und gewinne Überzeugungen über mich, die in dem kulturellen System, in dem ich aufwachse, vordefiniert sind. Ich nehme gleichsam einen für mich als Menschen vorgesehenen Platz in diesem System ein. Und es ist dieser Platz, durch den alles andere dann seinen Sinn für mich erhält; es ist dieser Platz, durch den mir das kulturelle System die Welt aufschlüsselt. Denn indem ich mich selbst als Menschen zu begreifen lerne, schreibe ich mir all den Sinn und die Überzeugungen zu, die mit diesem Schritt verbunden sind.

Dazu gehören zum einen die wichtigen Menschenbildüberzeugungen: Wachse ich etwa in einer europäischen Gesellschaft auf, so lerne ich, dass ich als Mensch ein unverwechselbares Individuum bin, dass ich als Mensch grundlegende Rechte habe, dass ich gleich viel wert bin wie alle anderen Menschen, aber wertvoller bin als Dinge, Pflanzen und Tiere, oder dass ich für meine Handlungen verantwortlich bin.

Zum anderen gehört dazu aber auch alles das, was mit dem Menschsein verknüpft ist. So lerne ich, noch bevor ich es aus eigener Erfahrung weiß, dass ich als Mensch weder wie die Vögel fliegen noch wie die Fische tauchen kann. Ich lerne, dass ich als Mensch Messer und Gabel, Hammer und

Nagel verwenden, dass ich Häuser und Straßen bauen kann. Indem ich mich also selbst als Mensch erfasse, ordne ich mich einem im kulturellen System gegebenen Element mit all seinen Verweisungen zu und klinke mich so in dieses umfassende System ein.

Zweitens: Das Menschenbild ist aber nicht nur der Ort, an dem sich der Mensch in das kulturelle System einklinkt, sondern es ist zugleich der Ort, an dem sich umgekehrt auch das kulturelle System in die Wirklichkeit einschreibt. Dies ist der zweite Grund, aus dem das Menschenbild zentrales Element dieses Systems ist. In ihm treffen sich Realität und Idee, verbinden sich reale Menschen mit der Bedeutung und den Überzeugungen, die wir dem Menschen als solchem mit unserem gemeinsamen Menschenbild zuschreiben.

Um dies besser zu verdeutlichen: Wenn ich eine Überzeugung über einen Stein habe, so lässt dies den Stein unberührt. Es betrifft den Stein nur insofern, als ich – aufgrund meiner Überzeugungen über den Stein – dazu kommen kann, ihn z. B. zu bearbeiten. Meine Überzeugungen über den Stein haben aber keinen direkten Einfluss auf den Stein selbst. Ähnliches gilt für meine Überzeugungen über Tiere. Auch diese Überzeugungen haben nur dann einen Einfluss auf Tiere selbst, wenn ich mich aufgrund meiner Überzeugungen den Tieren gegenüber irgendwie verhalte und sie z. B. töte, um sie zu essen.

Bei den meisten Überzeugungen, die wir haben, verhält es sich genau so: Die Überzeugungen haben keinen direkten Einfluss auf die Sachverhalte, von denen sie Überzeugungen sind.

Bei den Überzeugungen in Bezug auf den Menschen ist dies hingegen anders. Diese haben eine direkte Auswirkung auf die Wirklichkeit, über die sie Überzeugungen sind. Denn die Überzeugungen, die ich über den Menschen habe, sind nicht nur einfach Überzeugungen über den Menschen, sondern es sind zugleich immer auch Überzeugungen über mich selbst – sofern ich mich als einen Menschen verstehe. Mein Selbstbild ist aufs innigste mit meinem individuellen, aber insofern auch ganz eng mit dem gesellschaftlichen, dem mein individuelles Menschenbild aufgepropft ist, verwoben. Dies bedeutet, dass ich mich selbst im Lichte der Überzeugungen über den Menschen im Allgemeinen interpretiere. Mein Menschenbild schlägt sich in der Art und Weise nieder, wie ich mich selbst wahrnehme, wie ich denke, fühle und handle. Menschenbilder sind mithin Bündel von Überzeugungen, die sich direkt auf ihren Referenten auswirken und so direkt in die Wirklichkeit eingreifen. Das Menschenbild ist folglich derjenige Punkt des kulturellen Systems, an dem dieses die Wirklichkeit direkt überformt. In Menschenbildern haben kulturelle Systeme gleichsam ihren Kristallisationspunkt: hier gerinnt Sinn zur Wirklichkeit.

Drittens ist das Menschenbild deswegen zentrales Element eines kulturellen Systems, weil es die Überzeugungen über den Menschen sind, die vielen anderen Überzeugungen überhaupt erst Bedeutung (für den Menschen) verleihen.

Die Überzeugung, dass Gott existiert, ist für sich allein genommen für den Menschen ziemlich belanglos. Relevant wird diese Überzeugung für den Menschen erst dann, wenn zu dieser Überzeugung über Gottes Existenz Überzeugungen über den Menschen hinzutreten wie etwa, dass der Mensch unter besonderer Beobachtung dieses Gottes steht, dass der Mensch von Gott Gebote vorgeschrieben bekommen hat oder dass der Mensch von Gott bestraft werden kann.

Ähnliches gilt für die Überzeugung, dass sich das Leben auf der Erde einem Jahrmillionen währenden Prozess der Evolution verdankt. Diese Überzeugung wird für den Menschen erst dann relevant, wenn wir gleichzeitig der Überzeugung sind, dass der Mensch ein biologisches Lebewesen ist und als solches eben auch den Prozessen des biologischen Lebens einschließlich der Evolution unterworfen ist.

Im Grunde ist dies trivial: Alles das, was in der subjektiven Wahrnehmung als für den Menschen relevant angesehen wird, wird nur deswegen als relevant wahrgenommen, weil es mit bestimmten Überzeugungen über den Menschen verbunden ist. Dieser Umstand macht die Überzeugungen über den Menschen zu dem zentralen Element des kulturellen Systems.

Viertens sind Menschenbilder für uns zentral, weil sie das legitimatorische Fundament vieler anderer Überzeugungen bilden. Die meisten unserer moralischen, pädagogischen, gesellschaftlichen und politischen Überzeugungen werden – nicht ausschließlich, aber doch immer unter anderem – durch Überzeugungen über den Menschen legitimiert. So ist etwa unsere Überzeugung, dass die Demokratie eine gute Regierungsform ist, durch die Überzeugung legitimiert, dass der Mensch ein Wesen ist, das ein Recht auf größtmögliche eigene Freiheit hat und das sich unter den Bedingungen der Freiheit am besten entfalten kann. Das indische Kastenwesen legitimiert sich beispielsweise unter anderem durch die Annahme, dass Menschen von Geburt an streng nach Aufgaben, Rechten, Pflichten und Fähigkeiten zu trennen sind, und es eine Folge der Lebensführung vorangegangener Leben ist, in welche der Kasten man geboren ist.

Menschenbilder sind, so lassen sich die Überlegungen zusammenfassen, nicht nur auf das Engste in die kulturellen Systeme verflochten, mit denen wir uns die Welt zurechtlegen, sondern bilden tatsächlich den zentralen Baustein dieser Systeme. Kulturelle Systeme sind strukturell anthropozentrisch verfasst, und zwar auch dann, wenn sie es inhaltlich nicht sind – weil nicht der Mensch, sondern Gott, die Geschichte, das Geld oder sonst eine Größe im Zentrum steht. Menschenbilder sind mithin tatsächlich so etwas wie der Angelpunkt jeder lebensweltlichen Wirklichkeitskonstruktion; sie sind das Zentrum der Kultur.

Macht und Wirkung I

Aus welchem Grund sollte man sich nun die Mühe machen, dieses so sperrige Gebilde des Menschenbildes in all seinen Ausprägungen einer Analyse zu unterziehen, wenn es sich dabei nicht um ein wichtiges, relevantes Phänomen handeln würde – um ein Phänomen mithin, das großen Einfluss darauf hat, wie wir fühlen, denken und handeln, wie wir unser Zusammenleben gestalten, ja sogar darauf, was und wie wir als Menschen sind. Diese These folgt darin einer Intuition, die Friedrich Nietzsche wohl als Erster formulierte: dass Menschenbilder nicht einfach nur geistige Abbilder des Menschen sind, sondern als geistige Bilder eine formende, prägende Wirkung auf eben diejenige Wirklichkeit haben, deren Abbild sie sein sollen. Sie »wirken als Reize, entzünden einen Trieb und verführen den Intellekt, ihm zu dienen«[3], sie bieten einen »Antrieb zur Verklärung des eigenen Lebens«[4], sie helfen durch »Erregung und Neid die Zukunft [zu] schaffen«[5] und können den Menschen in lichte Höhen, aber auch »unter ein Mittelmaaß«[6] absinken lassen. Menschenbilder bilden den Menschen also nicht nur ab, sondern sie bilden ihn mit, d. h., sie sind nicht nur repräsentativ, sondern auch konstitutiv.

Diese Wirkungen, die lebensweltliche Menschenbilder auf den Menschen selbst haben, gilt es etwas genauer zu erfassen. Die Wirkungen sind dabei freilich solche, die lebensweltliche Menschenbilder aufweisen *können* und in der Regel normalerweise auch aufweisen, aber eben nicht notwendigerweise aufweisen müssen. Da es maßgeblich von dem gesellschaftlichen Druck abhängt, ob ein Menschenbild solche Wirkungen entfaltet, sind es vor allem die gemeinsam geteilten gesellschaftlichen Menschenbilder, die solche Wirkungen zeigen; von ihnen ist daher im Folgenden vorrangig die Rede. Damit ist aber nicht ausgeschlossen, dass auch gruppenspezifische und individuelle Menschenbilder unter Umständen diese (oder zumindest manche dieser) Wirkungen auf ihre Träger haben können.

Die Wirkungen, die lebensweltliche Menschenbilder zeitigen können, lassen sich in drei grobe Kategorien einordnen, nämlich zu Wirkungen (1) auf die Intentionalität bzw. die ›geistigen Operationen‹ von Individuen, (2) auf die – im weiten Sinne verstandenen – sozialen Institutionen sowie (3) auf die Konstitution von Individuen, d. h. auf die Art und Weise, wie Individuen tatsächlich *sind*.

Wirkungen auf die Intentionalität

Menschenbilder wirken auf die geistigen Operationen von Individuen ein, beeinflussen also unser Wahrnehmen, Fühlen, Denken und Handeln. Typisierungen haben, wie die empirische Forschung über Stereotype und Vorurteile aufzeigt, massiven Einfluss auf unsere intentionalen Akte, und zwar nicht nur dann, wenn wir diese Akte bewusst kontrollieren, sondern in der Regel schon vorher, nämlich auf der Ebene der vorbewussten, spontanen, automatischen Informationsverarbeitung. Wenn Menschenbilder nicht nur einfach Typisierungen, sondern darüber hinaus auch noch zentrale Bausteine unserer kulturellen Systeme sind, mit deren Hilfe wir uns die Wirklichkeit in die uns zugängliche Lebenswelt aufschlüsseln, dann stehen Menschenbilder eben auch im Zentrum unserer affektiven, kognitiven, evaluativen und praktischen Operationen in und mit dieser Welt; sie drücken diesen Operationen unweigerlich ihre Siegel auf und zwingen diese Operationen in ihre Bahnen.

Erinnern wir uns dazu an die beschriebenen lebensweltlichen Funktionen von Menschenbildern. Indem Menschenbilder diese Funktionen erfüllen, greifen sie tief in unsere intentionalen Akte ein und formen unser Verhältnis zur Welt:

Erstens prägen Menschenbilder unsere Wahrnehmung und unsere Interpretation der Welt, indem sie uns am Menschen tendenziell nur das bzw. verstärkt das wahrnehmen lassen, was in das Raster unserer Überzeugungen über den Menschen passt.

Besonders deutlich wird dies an dem schon öfter angeführten Beispiel: Menschenbilder – gemeint sind gesellschaftliche und ihre individuellen und gruppenspezifischen Varianten – enthalten Überzeugungen darüber, wer überhaupt Mensch ist. Damit bestimmen diese Bilder, welche Phänomene unter die Kategorie ›Mensch‹ fallen. Gleichzeitig ermöglichen sie auf diese Weise, Phänomene als Menschen zu identifizieren. Dies wiederum zeigt, dass Menschenbilder stark beeinflussen, wen oder was wir überhaupt als Menschen wahrnehmen. Wenn das Menschenbild einer Gesellschaft beispielsweise die Überzeugungen gegenwärtig hält, dass Menschen zivilisiert sind, über Vernunft verfügen usw., dann kann es eben sein, dass die Mitglieder dieser Gesellschaft biologische Menschen, die diese Eigenschaften nicht aufzuweisen scheinen, nicht als Menschen erkennen können bzw. sich zumindest damit schwertun.

In drastischer Weise hat sich dies im 16. Jahrhundert bei der autochthonen Bevölkerung Amerika gezeigt, die von den spanischen Konquistadoren oft nicht als menschlich er- und anerkannt wurde: Weil die spanischen Konquistadoren glaubten, dass der Mensch – nach ihren Standards – auf eine bestimmte Weise vernunftbegabt und zivilisiert sein muss, konnten sie im ›Indianer‹ keinen Menschen sehen. Man darf mit den spanischen Abenteurern, die in die Neue Welt einfielen, in diesem Punkt nicht allzu streng sein: Vor dem Hintergrund ihrer tiefsitzenden Überzeugungen und ihres begrenzten Wissens über den Menschen war es ihnen gar nicht so einfach möglich, die südamerikanischen Menschen als Menschen zu erkennen, nicht automatisch und völlig selbstverständlich. Um diese Wesen als Menschen erkennen zu können, wäre es notwendig gewesen, ihre bislang gültigen Überzeugungen über den Menschen selbst zu hinterfragen und zu korrigieren – eine Fähigkeit, die nicht alle der Eroberer aufbringen konnten oder wollten. Tatsächlich spielten in der Nichtanerkennung der indigenen Völker als Menschen auch eine ganze Reihe anderer Faktoren eine Rolle, nicht zuletzt niedrige Motive: Solange die Eingeborenen nicht als Menschen galten, konnte man sich straflos ihren Besitz aneignen, sie als Sklaven ausbeuten und sie ohne weiteres ermorden. Doch dafür, dass dies so oft ohne jegliche Skrupel und Gewissensbisse geschehen konnte, sorgte auch ein rassistisches Menschenbild, fühlten sich die Eindringlinge doch in ihrem hartherzigen Fühlen, Denken und Handeln den amerikanischen Ureinwohnern gegenüber durch ihre nicht hinterfragten Überzeugungen über den Menschen bestärkt und legitimiert.

Doch Menschenbilder beeinflussen nicht nur, welche Wesen wir als Menschen er- und anerkennen, sondern auch, wie wir Menschen wahrnehmen und interpretieren. Weil individualistische Gesellschaften den Menschen beispielsweise als ein individuelles Wesen betrachten, nehmen sie individuelle Aspekte – Intentionen, Persönlichkeitseigenschaften – besonders aufmerksam wahr und ziehen sie verstärkt zur Interpretation des menschlichen Verhaltens heran. Weil kollektivistische Gesellschaften den Menschen hingegen eher als Teil einer Gesellschaft sehen, neigen sie demgegenüber dazu, sich auf den sozialen Kontext zu konzentrieren und in der Erklärung des menschlichen Verhaltens auf die situationalen Umstände zu rekurrieren, wie sich auch in empirischen Untersuchungen zeigt.

Zweitens: Wenn Menschenbilder unsere Wahrnehmung und Interpretation der Welt beeinflussen, dann beeinflussen sie auch unsere Gefühle dieser Welt gegenüber.

Weil der Konquistador den ›Indianer‹ nicht für einen Menschen hält, fühlt er auch kein Mitleid mit ihm. Und sollte er doch spontanes Mitleid empfinden, so würde er sich einreden, dass es richtig wäre, dieses Gefühl zu unterdrücken und sich nicht von ihm leiten zu lassen, da es einem Wesen gegenüber, das kein Mensch ist, unangemessen sei.

Weil wir im Westen an die Bedeutung der menschlichen Individualität glauben, sind uns Geschichten sympathisch, die davon erzählen, wie Einzelne die Fesseln der Allgemeinheit abstreifen und gegen alle Widerstände zu sich selbst finden, während in kollektivistischen Gesellschaften eher die Wiedereingliederung eines widerspenstigen Individuums in den Schoß der Allgemeinheit zustimmend wahrgenommen wird: Das, was dem einen als Findung der eigentlichen Identität vorkommt, wird von dem anderen als Entfremdung wahrgenommen.

Doch vielleicht kommt der Konquistador aufgrund eines spontanen Gefühls des Mitleides dazu, seine ursprüngliche (eingeschränkte) Auffassung vom Menschen zu verändern. Zwischen unseren Überzeugungen und unseren Gefühlen herrscht ein wechselseitiges Beeinflussungsverhältnis. Ähnlich wie unsere Überzeugungen unsere Gefühle prägen, können auch unsere Gefühle unsere Überzeugungen verändern. Es soll hier also nicht in Abrede gestellt werden, dass es doch irgendwie dazu kommen kann, dass wir unsere Überzeugungen aufgrund unserer Gefühlsregungen korrigieren. Dies ändert aber nichts daran, dass es sich eben häufig auch umgekehrt verhält, dass nämlich unsere Überzeugungen unsere Gefühle beeinflussen und wir unsere Gefühle anhand unserer Überzeugungen bewerten, kontrollieren und korrigieren.

Drittens gilt Ähnliches für unser Denken und Urteilen. Auch diese Akte werden von – hauptsächlich den gesellschaftlichen – Menschenbildern beeinflusst.

Weil der Konquistador den ›Indianer‹ für nicht menschlich hält, urteilt er, dass es richtig wäre, ihn zu versklaven, und nicht weiter schlimm, ihn umzubringen. Weil individualistische Kulturen Menschen für individuelle Wesen halten, halten sie auch die Emanzipation und Selbstverwirklichung des Einzelnen für richtig, während kollektivistische Kulturen die Unterordnung des Einzelnen in die Gesellschaft bevorzugen. Oder, um eines der wenigen empirisch untersuchten konkreten Beispiele anzuführen: Weil manche US-Amerikaner und -Amerikanerinnen den Menschen für im Kern egoistisch und schlecht halten, stehen sie einer interventionistischen Außenpolitik, die anderen Völkern aus altruistischen Motiven zur Hilfe eilt, ablehnend gegenüber, während diejenigen, die den Menschen für im Kern gut halten, für eine solche Außenpolitik leichter zu gewinnen sind.

Viertens schlagen sich Menschenbilder in unserem Handeln nieder. Weil der Konquistador den ›Indianer‹ für nicht menschlich hält, versklavt er ihn oder bringt ihn ohne Skrupel um. Weil ich davon überzeugt bin, dass die menschliche Individualität von Bedeutung ist, bestärke ich meine Kinder in ihrer Individualität und erziehe sie zur Selbstständigkeit.

Wirkungen auf Institutionen

Menschenbilder prägen nicht nur die geistigen Operationen von Individuen, sondern wirken auch auf die Institutionen einer Gesellschaft. Institutionen sind die gemeinsam geteilten Regelungssysteme formeller (z. B. Rechtssystem, Erziehungssystem) und informeller Art (gesellschaftliche Praktiken, Riten, Moralsystem), die das soziale Verhalten der jeweiligen Gesellschaftsmitglieder formen, stabilisieren und lenken.

Unmittelbar ersichtlich wird das am Moralsystem einer Gesellschaft sowie an den Institutionen des Rechts und der Pädagogik. Alle drei Institutionen sind radikal von Menschenbildern der jeweiligen Gesellschaft durchwirkt; das gesellschaftliche Menschenbild (und seine individuellen und gruppenspezifischen Varianten) bilden die legitimatorische und orientierende Basis dieser Institutionen. Der Grund dafür ist leicht einzusehen: Institutionen sind um des Menschen willen da und werden daher an dem ausgerichtet, was in einer Gesellschaft über den Menschen geglaubt wird. Je nach zugrunde liegendem Menschenbild fallen sie daher sehr unterschiedlich aus.

Das deutsche Recht des Mittelalters, in dem die Pflichten des Einzelnen gegenüber der Gemeinschaft im Mittelpunkt stehen, setzt »durch Sitte, durch Religion an die Pflicht und an die Gemeinschaft gebundene Menschen voraus«[7], so Gustav Radbruch (1878–1949) in seinem Aufsatz über den *Mensch im Recht*. Renaissance, Reformation und Rezeption des römischen Rechts ab Ende des 15. Jahrhunderts entbinden den Einzelnen aus der Gemeinschaft und machen so den »nicht mehr von der Pflicht, sondern vom Interesse geleiteten Einzelmenschen auch zum Ausgangspunkt des Rechts«[8].

Der von oben regierende, paternalistische Polizeistaat geht wiederum von einem Menschen aus, »der zwar egoistisch genug ist, sich von seinem Interesse leiten zu lassen, aber noch nicht verständig genug ist, dieses Interesse auch selber zu erkennen«[9].

Aufklärung und Naturrecht hingegen gehen vom individualistischen, aus allen sozialen Bindungen gelösten, »nicht nur sehr eigennützige[n], sondern auch in seinem Eigennutz sehr kluge[n] Individuum« aus. Die Grundlage des Rechts bilden jetzt die »als sämtlich eigennützig, verständig, aktiv, frei gedachten Menschen«, die auch »als einander gleich gedacht« werden.[10]

Dieses Menschenbild wird nun zum Fundament der Rechtsordnung:

> Nur dieser naive Glaube an die Realität ihrer Auffassung vom Menschen befähigte diese Zeit, die gesamte Rechtsordnung mit einer Folgerichtigkeit, die wir bewundern müssen, auf den neuen Menschentypus einzustellen.[11]

In der Moderne wird dieses idealistische Bild des Menschen Radbruch zufolge schließlich abgelöst von einem etwas realitätsnäheren Bild, dem Bild des »Kollektivmenschen«[12]. Institutionen organisieren sich also, so können wir zusammenfassen, um das jeweilige gesellschaftliche Bild des Menschen herum; sie werden von diesem fundamental geprägt. Für das Recht bringt Gustav Radbruch die Wirkungen von Menschenbildern auf den Punkt:

> Man darf sogar sagen: der Wechsel des vorschwebenden Bildes vom Menschen ist es, der in der Geschichte des Rechts ›Epoche macht‹. Nichts ist so entscheidend für den Stil eines Rechtszeitalters wie die Auffassung vom Menschen, an der es sich orientiert.[13]

Wirkungen auf die menschliche Konstitution

Menschenbilder prägen sowohl das Wahrnehmen, Fühlen, Denken und Handeln von Individuen als auch die gesellschaftlichen Regelungssysteme, denen Individuen unterworfen sind. Damit sind die Wirkungen von Menschenbildern aber noch nicht vollständig erfasst, denn Menschenbilder wirken auf die Konstitution von Individuen, d. h. auf die Art und Weise, wie Menschen *sind.* Menschenbilder biegen sich gleichsam auf ihre Träger zurück. Sie prägen nicht nur die intentionalen Akte der Individuen und der institutionellen Arrangements, in die Individuen eingespannt sind, sondern formen darüber hinaus diese Individuen selbst.

Drei Klärungen sind hier erforderlich:

Erstens: Die Tatsache, dass Menschenbilder eine Wirkung auf die Konstitution von Menschen haben können, setzt voraus, dass alle Menschen in der Art und Weise, wie sie jeweils sind – also beispielsweise hinsichtlich ihrer Charaktere, ihrer Verhaltensdispositionen oder ihrer Fähigkeiten – zumindest bis zu einem gewissen Grad formbar bzw. plastisch sind. Wir gehen im Folgenden also davon aus, dass der Mensch wenigstens teilweise formbar ist – durch Umwelteinflüsse oder Einflüsse durch Kultur, durch die Gesellschaft oder eben durch Menschenbilder. Diese anthropologische These der begrenzten Formbarkeit des Menschen soll hier nicht eigens begründet werden, sondern wird einfach als Ausgangspunkt für die weiteren Überlegungen gesetzt, zumal sie nicht sonderlich ausgefallen ist. Sie nimmt in der Naturalismus-Kulturalismus-Debatte ungefähr eine Mittelposition ein und entspricht damit wohl einem breiten wissenschaftlichen Konsens.

Zweitens: Um die Wirkungen von Menschenbildern auf Menschen zu verstehen, ist es wichtig, zu sehen, dass Menschenbilder einen enormen Anpassungsdruck auf Individuen ausüben.

Ein Beispiel: Ein Kind wird geboren. Von seinen Eltern und anderen Mitmenschen – den Hebammen und Pflegekräften, die es betreuen, den Ärztinnen und Ärzten, die es vermessen, kontrollieren und gegebenenfalls therapieren, den nahen und fernen Verwandten, die es bestaunen, aufmuntern, loben und tadeln oder den Pädagoginnen und Pädagogen, die es lehren und erziehen – wird es als Mensch, d. h. aber eben durch die Folie des jeweiligen Menschenbildes ihrer Gesellschaft betrachtet und behandelt: Es wird mit der Erwartung konfrontiert, diejenigen Eigenschaften zu zeigen und zu entwickeln, die Menschen (gemäß dieses Menschenbildes) im Allgemeinen haben. Dieses Menschenbild wird sich das Kind nach und nach zu eigen machen, verinnerlichen und zu einem wichtigen Bestandteil seiner Identität werden lassen. Darüber hinaus bilden die Eltern des Kindes und die meisten seiner Mitmenschen in ihrem Sein und Tun das in der Gesellschaft vorherrschende Menschenbild ab, haben sie es doch selbst einmal verinnerlicht, so dass sie es nun verkörpern. Indem das Kind seine Eltern und andere Menschen wahrnimmt, sie nachahmt, ihnen nacheifert und sie als Vorbilder nimmt, übt es sich ebenfalls in dieses bestimmte Menschenbild ein. In einem langwierigen Prozess von Nachahmung und ständiger Wiederholung verleibt sich das Kind so das Menschenbild gleichsam ein.

Auch die Institutionen, die das Kind begrenzen und formen, sind von diesem bestimmten Menschenbild durchwirkt: Die täglichen Rituale, die ihm seinen Tag strukturieren und ihm Halt schenken; die Regeln der Spiele, mit denen es sich seine Zeit vertreibt; die Moral, die ihm beigebracht wird und die ihm Grenzen auferlegt, ihm Orientierung schenkt und die es sich nach und nach aneignet; das pädagogische System von der Krabbelstube über den Kindergarten, die Schule, die Lehre oder die Universität;

das Rechtssystem, das im äußersten Fall dazu zwingt, sich den Gesetzen – und damit dem sich in diesen Gesetzen ausdrückenden Menschenbild – zu unterwerfen.

Von der Geburt bis zum Tod ist der Mensch in das Menschenbild seiner Gesellschaft eingespannt; dieses umfängt ihn von allen Seiten. Seine Mitmenschen schreiben es ihm ungefragt zu und erwarten ein entsprechendes Verhalten, seine Mitmenschen verkörpern das Menschenbild, es steckt in den institutionellen Arrangements der Gesellschaft und überhaupt in der ganzen Lebenswelt. Aus den Kinderbüchern, Märchen und Erzählungen springt es ihm entgegen, von Film, Fernsehen, Literatur, den sozialen Medien und all den bunten Magazinen, die ein wenig Ablenkung versprechen, wird es tagtäglich transportiert, und nicht zuletzt die ganz banale, alltägliche Lebenspraxis fordert unentwegt ein dem gesellschaftlichen Menschenbild entsprechendes Verhalten ein.

Auf diese Weise lernt das Kind schließlich irgendwann, sich selbst als Mensch zu begreifen, d. h., es lernt, sich selbst im Lichte des Menschenbildes zu verstehen, unter dem es aufwächst. Wenn dies soweit ist, gesellt sich zu dem von außen kommenden Anpassungsdruck auch ein innerer, der auf das Kind wirkt. Das Kind übernimmt das Menschenbild, das an es herangetragen wird, verinnerlicht es und lässt es so zum Teil seiner Identität werden. Fortan legt es das Menschenbild der Lebenswelt als den unhinterfragten, da er für die Realität selbst gehaltenen wird, Maßstab an sich selbst an. Es nimmt sich selbst als Mensch wahr, es misst, beurteilt und kontrolliert sich an dem und versucht das zu verwirklichen, was es für selbstverständlich menschlich versteht.

Auf diese vierfache Art und Weise, also erstens durch die Erwartungen der anderen, die sich der Mensch zu eigen macht, zweitens durch das Sein und Tun der anderen, die als Vorbild wirken, drittens durch den Zwang der Institutionen und viertens durch Selbstwahrnehmung, Selbstkontrolle und Selbstzensur, schreibt sich dieses spezielle Menschenbild dem jeweiligen Individuum ein und entfaltet dort seine weitreichenden Wirkungen: Es formt den Menschen nach seinem Bilde.

Zur letzten der drei Klärungen: Menschenbilder anderer Gesellschaften können *sehr* anders als die uns vertrauten sein. Die Selbstverständlichkeit, mit der wir an unser gemeinsames gesellschaftliches Menschenbild glauben, sollte uns nicht übersehen lassen, dass es Völker auf dieser Welt gab und immer noch gibt und weiterhin geben wird, die völlig andere Menschenbilder haben.

So gibt es Gesellschaften, die nicht an die Selbstbestimmungsfähigkeit des Menschen glauben, sondern, wie etwa die australischen Aborigines, vielmehr der Meinung sind, dass jeder Mensch Bestandteil einer umfassenden metaphysischen Urkraft ist, die in ihm und durch ihn durch wirkt, so dass der Einzelne eher einer ferngesteuerten Marionette als einem selbstbestimmten Akteur gleicht. Es gibt – vor allem in Asien und Afrika – Gesellschaften, die nicht in dem Maße an die Individualität des Menschen glauben, wie dies bei uns üblich ist, sondern vielmehr der Meinung sind, dass jeder Mensch wesentlich Teil einer Gruppe ist und erst darin zu seiner wahren Menschlichkeit findet. Es gibt Gesellschaften, die nicht wie wir an die Vernunft als »des Menschen allerhöchste Kraft« glauben, sondern vielmehr überzeugt sind, dass der Mensch die Fähigkeit des Gehorsams, der Autoritätshörigkeit und der Unterordnung unter ein größeres Ganzes zur Perfektion bringen sollte. Wieder andere Gesellschaften wie etwa die afrikanischen Volksstämme der Peul, der Dogon oder der Samo glauben nicht an die Einheit des Individuums, sondern vielmehr daran, dass jeder einzelne Mensch aus einer Vielzahl an Elementen oder Personen besteht, die kommen und gehen, wie es ihnen gefällt. Die westliche Konzeption des Menschlichen ist nur eine unter vielen, ja möglicherweise ist sie tatsächlich, wie der Ethnologe Clifford Geertz (1926–2006) meint, »a rather peculiar idea within the context of the world's cultures«.[14]

Genau diese radikal anderen Konzeptionen vom Menschsein rufen uns ins Bewusstsein, dass die Beziehung zwischen unseren Überzeugungen über den Menschen und dem realen Menschen möglicherweise komplexer und vielschichtiger ist als die einer rein repräsentationalen Urbild-Abbild-Beziehung.

Menschenbilder formen den Menschen in wenigstens dreierlei Hinsicht, nämlich in physisch-körperlichen Aspekten, in der Persönlichkeit und in der Subjektivität, d. h. die Art und Weise, wie es sich anfühlt, Mensch zu sein.

Der Einfluss von Menschenbildern kann sich auf *physisch-körperliche Aspekte* des Menschen erstrecken. Wenn sich, so der Soziologe Pierre Bourdieu (1930–2002), das kulturelle System einer Gesellschaft auch im Körper, insbesondere in Gewohnheiten, in Mimik, Gestik und Haltung, d. h. in Habitus (laut Bourdieu für geistige) und Hexis (laut Bourdieu für körperliche Einstellungen und Gewohnheiten) der Gesellschaftsmitglieder abbildet, dann bildet sich in Habitus und Hexis auch das in das kulturelle System eingelassene Menschenbild ab: Das Menschenbild könnte sich also in der Körperhaltung und den Bewegungen von Individuen niederschlagen. Von jemandem, der ein äußerst pessimistisches Menschenbild vertritt, ist beispielsweise nur schwer vorstellbar, dass er aufrechten, federnd-leichten Ganges durch die Welt spaziert.

Dass Menschenbilder tatsächlich auf den Körper wirken können, wird insbesondere dort deutlich, wo sich leibfeindliche Menschenbilder in der Vernachlässigung oder strengen Züchtigung des Körpers niederschlagen. Weil in letzterem Fall der Mensch möglicherweise als ein eigentlich geistiges Wesen angesehen wird, das in dem Gefängnis eines sündhaften, schlechten Leibes steckt, muss dieser kontrolliert und letztendlich überwunden werden. Der dann geschundene Körper wird damit zum weithin sichtbaren Zeugnis der Überzeugungen über den Menschen.

Menschenbilder können also auch auf den menschlichen Körper einwirken. Die Wirkungen sind freilich in erster Linie indirekter Natur: Weil Menschenbilder ihre Träger zu bestimmten Einstellungen und Handlungen ihrem eigenen Körper oder den Körpern anderer gegenüber veranlassen, verändern Menschenbilder auch den menschlichen Körper.

Direkter als auf den Körper ist der Einfluss vor allem von gesellschaftlichen, aber auch gruppenspezifischen Menschenbildern auf die psychische Sphäre des Menschen, besonders auf die *Persönlichkeit* von Menschen. Unter Persönlichkeit – ein notorisch unscharfer und umstrittener Begriff – wird hier die zeit- und situationsstabile Art und Weise des Verhaltens eines Menschen verstanden. Eine

Persönlichkeit umfasst damit zentral dasjenige, was man als Charakter, als dauerhafte Verhaltensdispositionen bezeichnet, darüber hinaus jedoch auch bestimmte Fähigkeiten, Talente, Gewohnheiten sowie langfristige Ziele, Wünsche und Einstellungen.

Dass Menschenbilder auf eine so verstandene Persönlichkeit von Menschen Auswirkungen haben, ist einleuchtend. So liegt Sinn und Ziel der pädagogischen Praxis seit jeher – nicht ausschließlich, aber doch auch – darin, die Persönlichkeit von Menschen zu bilden. Nicht von ungefähr sind Menschenbilder für jede pädagogische Theorie zentral, geben sie doch die Leitbilder ab, an denen sich die pädagogischen Bemühungen orientieren (sollen). Und so ist nicht nur gut vorstellbar, sondern auch hinreichend belegt, dass etwa eine humanistische Pädagogik, die an ›das Gute im Menschen‹ glaubt und sich am Leitbild des selbstbestimmten Menschen orientiert, andere Menschen hervorbringt als eine »Schwarze Pädagogik«, der zufolge der Mensch ein abgrundtief schlechtes Wesen ist, das der kompromisslosen Unterwerfung unter eine starke Führung bedarf und dem die gesellschaftlichen Regeln, wenn notwendig, auch mit Gewalt aufgezwungen werden müssen. Kurz: Menschen werden in ihrer Persönlichkeit von den Menschenbildern, unter denen sie aufwachsen, zutiefst geprägt.

Von dem in einer Gesellschaft geteilten Menschenbild hängt unter anderem ab, welche angeborenen Potenziale des Menschen gepflegt und entwickelt, welche vernachlässigt und welche unterdrückt werden. Eine Gesellschaft, die die Fähigkeiten zur Unterordnung und zum Gehorsam, zum Kampf, zur Selbstüberwindung und zur Härte gegen sich selbst als die zentralen menschlichen Fähigkeiten ansieht, wird eben diese Fähigkeiten kultivieren, die Entwicklung von Selbstbestimmung, Vernunft und Kunstsinn dagegen wenig fördern und die Entwicklung von Empathie womöglich zu verhindern wissen. Eine Gesellschaft hingegen, für die Vernunft die edelste Kraft im Menschen darstellt, wird vermehrt vernünftige Menschen hervorbringen. Eine Gesellschaft, die den Menschen nicht nur für einen nur seinen Nutzen kalkulierenden Egoisten hält, sondern auch noch der Überzeugung ist, dass dies auch gut so sei, wird vermehrt nutzenkalkulierende Egoisten hervorbringen, während eine Gesellschaft, die im Altruismus das höchste Ziel des Menschen sieht, vermehrt Altruisten hervorbringen wird (vorausgesetzt, dass die Art und Weise der Pädagogik nicht das Ziel konterkariert; es wird vermutlich schwierig, Kinder zu Altruisten zu prügeln).

Macht und Wirkung II

Menschenbilder formen den Menschen, indem sie auf physisch-körperliche Aspekte, auf die Persönlichkeit und auf die Subjektivität des Menschen wirken. Die Wirkweise auf die Subjektivität geht besonders tief.

Selbstgefühle

Menschenbilder hinterlassen auch in der *Subjektivität* bzw. im Verhältnis des Menschen zu sich selbst ihre Spuren; sie wirken insbesondere auf die *Art und Weise, wie es sich anfühlt, zu sein.* Für alle Menschen fühlt es sich – insofern sie bei Bewusstsein sind – auf bestimmte Art und Weise an, zu sein. Damit ist eine Art von Grundgefühl bzw. ein Ensemble an selbstbezogenen Grundgefühlen gemeint, das (in der Regel) all unser Empfinden begleitet: Betrachten wir etwa ein Gemälde oder verspüren Hunger, so fühlen wir gleichzeitig, dass wir uns irgendwo in Raum und Zeit befinden, dass wir einen Körper haben, oder dass wir es sind, die das Gemälde ansehen und Hunger verspüren. Unser konkretes, objektbezogenes Empfinden – ein Gemälde anzusehen, Hunger zu verspüren – ist also eingebettet in eine Reihe grundlegender selbstbezogener Gefühle. Diese Gefühle informieren uns permanent über uns selbst; sie lassen uns beständig auf bestimmte Art und Weise spüren, dass wir und wie wir in der Welt existieren. Aufgehoben sind diese Gefühle lediglich dann, wenn wir – ganz seinsvergessen und im Flow – völlig in einer Tätigkeit aufgehen, wie etwa bei der Lektüre eines fesselnden Buches, der hoch konzentrierten Arbeit an einem schwierigen Text oder im Spiel.

Es ist wichtig, dieses Grundgefühl, zu sein, nicht überzuinterpretieren. Das Gefühl, zu sein, darf nicht missverstanden werden als ein Gefühl, das sich auf eine Art ontologisches ›Sein‹, also auf eine bestimmte herausragende Form, bezieht. Es geht hier vielmehr um das bloße Gefühl, zu sein, eine vielleicht etwas unglücklich, aber mangels besserer Alternativen gewählte Umschreibung der Tatsache, dass ich mich bei fast allen Erlebnissen auch irgendwie selbst miterlebe. Wenn ich Fußball spiele, dann fühlt es sich nicht nur einfach auf bestimmte Art und Weise an, Fußball zu spielen, sondern es fühlt sich eben *für mich* auf bestimmte Art und Weise an, Fußball zu spielen. Zu dem ›Es-fühlt-sich-auf-bestimmte-Art-und-Weise-an, Fußball-zu-spielen‹ gehört unauflöslich auch eine Reihe an selbstbezogenen Gefühlen wie etwa das Gefühl dazu, dass *ich es bin*, der Fußball spielt, das Gefühl, dass *mir* der Schweiß die Schläfen hinunterläuft, das Gefühl, dass *ich* heute etwas schwer laufe und es *mir* an Spritzigkeit fehlt usw. Während ich Fußball spiele, habe ich gleichzeitig das Gefühl, dass ich auf bestimmte Art und Weise bin.

Menschen verfügen also über das selbstbezogene Grundgefühl, zu sein. Festzuhalten bleibt, dass es sich bei dem Gefühl, zu sein, um eine Art von Selbstgefühl handelt, und als solches bildet es zweifellos einen wichtigen Bestandteil des menschlichen Selbst. Dieses grundlegende Selbstgefühl, zu sein, fühlt sich jeweils auf eine bestimmte Art und Weise an. Die Art und Weise, wie sich dies anfühlt, ist wiederum unter anderem von Menschenbildern beeinflusst.

Stellen wir uns jemanden vor, der in einer Gesellschaft mit einem äußerst pessimistischen Menschenbild aufwächst. Das europäische Mittelalter dürfte über weite Strecken ein solches Menschenbild gehabt haben, jedenfalls kündet davon z. B. die damals weit verbreitete *De-contemptu-mundi*-Literatur über die ›Verachtung der Welt‹. Ihren Niederschlag findet diese allgemeine Grundstimmung auch in der Abhandlung *De miseria conditionis humanae* (›Über den elenden Zustand des Menschen‹) aus der Feder des Grafen Lotario di Segni (1161–1216), dem späteren und wohl bedeutendsten mittelalterlichen Papst Innozenz III. In seinem Werk benennt er die zentralen Aspekte des mittelalterlichen Menschenbildes: Der mittelalterliche Mensch war angehalten, sich dem Bild entsprechend selbst zu verstehen und zu entwerfen. Der Mensch sei ein Wesen, das »in Schuld« empfangen und »zur Pein« geboren ist, das »nur Schleim, Urin und Kot« produziert und einen »abscheulichen Gestank« hinterlässt, bis es endlich »Raub der Flammen, Speise der Würmer« wird. Seine sündige und verdorbene Seele ist zur Verdammnis verurteilt.

Wie fühlt sich ein Mensch, der von sich und seinesgleichen so zu denken gelernt hat? Man kann sich leicht ausmalen, dass Menschen, denen von Kindesbeinen an beigebracht wird, dass sie nicht mehr sind als wertloser Abschaum in Gottes Universum, sich in ihrem Menschsein ziemlich elend fühlen müssen; es muss sich für sie schlecht und falsch anfühlen, überhaupt zu existieren. Das Menschenbild, unter dem sie leben, taucht ihr ganzes Dasein in ein bestimmtes Licht. Das Unglück und das Leid, das ihnen widerfährt, werden sie als die gerechte, angemessene Strafe für die kosmische Zumutung ihrer sündigen Existenz empfinden. Die wenigen Momente der Freude und des Lichtes werden sie entweder als uneigentlich und trügerisch oder aber als übernatürlichen, gnadenhaften himmlischen Ursprungs erfahren.

Für jemanden, der demgegenüber das Glück hat, einige Jahrhunderte später in eine Gesellschaft hineingeboren zu werden, die der Überzeugung ist, dass »der Mensch das glücklichste und demgemäß das Lebewesen ist, das jegliche Bewunderung verdient«[15], wie der Renaissancehumanist Giovanni Pico della Mirandola (1463–1494) meint, für den wird es sich grundsätzlich gut und richtig anfühlen, zu existieren. Die freudvollen Momente, die er in seinem Leben erfährt, wird er als verdient, als richtig und echt, ja als die eigentlich angemessene Form seines Seins empfinden. Das Leid und Unglück, das ihm widerfährt, wird er hingegen als unangemessen und als etwas ansehen, das überwunden werden muss.

Transzendentale Selbstgefühle

Der offensichtliche Vorteil des eben skizzierten Beispiels liegt darin, dass es für uns nachvollziehbar macht, dass Menschenbilder auf die Art und Weise, wie es sich zu sein anfühlt, einwirken können. Der Nachteil ist allerdings, dass nicht deutlich wird, wie tief und weitreichend dieser Einfluss sein kann. Das Gefühl, das eben beschrieben wurde, könnte man nämlich als eine Art existenzieller Grundgestimmtheit des Menschen bezeichnen, d. h. als ein Gefühl, das alle Empfindungen begleitet, diese aber nicht wesentlich verändert.

Menschenbilder beeinflussen jedoch nicht nur die Grundstimmung des Gefühls, zu sein. Sie bestimmen darüber hinaus noch wesentlich stärker, wie es sich anfühlt, zu sein. Ihre Wirkung reicht nämlich hin bis zu jenen grundlegenden Selbstgefühlen, die einen quasi-transzendentalen Charakter haben. Mit diesen quasi-transzendentalen Selbstgefühlen sind Gefühle gemeint, die das Selbst und sein Weltverhältnis fundamental bestimmen und die sich in allem Fühlen, Denken, Wollen und Handeln, d. h. in wirklich allen intentionalen Akten niederschlagen.

Vom westlichen Denken Geprägte sind davon überzeugt, dass der Mensch ein Wesen ist, das

(1) frei bzw. autonom ist, das also die Fähigkeit besitzt und besitzen sollte, selbstbestimmte Entscheidungen zu treffen,
(2) ein Individuum, d. h. ein einzelnes und einzigartiges, von allen anderen unterschiedenes und in seiner Einzigartigkeit wertvolles Wesen ist, und
(3) mit sich identisch ist, und zwar sowohl im Sinne überzeitlichem Bestehenbleiben bzw. transtemporaler Persistenz als auch intrapersonaler Ganzheit bzw. der Tatsache, dass es trotz aller inneren Zerrissenheit und Spannungen eine Einheit bildet.

Nun sind wir nicht nur davon überzeugt, all dies zu sein, sondern wir fühlen uns in der Regel auch so. Wir fühlen uns als eine von der Welt unterschiedene und ihr gleichsam gegenüberstehende einheitliche Instanz, als ein innerer, abgeschotteter Raum des Fühlens, Denkens und Wollens, in dem (zumindest zum Teil) selbstgewählte Gesetze herrschen und von dem mit unserem Willen eine Kraft ausgeht, mit der wir uns identifizieren, mit der wir Kontrolle ausüben und in den Lauf der Welt aktiv eingreifen können.

Obwohl wir an uns natürlich den Zahn der Zeit nagen fühlen, Veränderungen wahrnehmen und Zustände der inneren Zerrissenheit kennen, fühlen wir uns dennoch als mit uns selbst durch die Zeit identisch und als eine – nicht unbedingt harmonische, sondern oft genug unter Spannung stehende – Ganzheit. Die vielfältigen Erfahrungen, die wir im Laufe unseres Lebens machen, all die verschiedenen Wahrnehmungen, die wir hatten und haben, sind, so fühlen wir jedenfalls, bei all ihrer Differenz doch jeweils die unsrigen.

Bei diesen Selbstgefühlen handelt es sich um quasi-transzendentale Gefühle: Dass wir selbst bestimmen können, dass wir uns autonom, als eine von der Welt unterschiedene individuelle Instanz, als eine Einheit durch die Zeit und als eine Ganzheit fühlen, ist fundamental für unser Selbst- und Weltverhältnis. Es definiert gleichsam den ›Ort‹, von dem aus wir die Welt wahrnehmen, und bildet so eine der zentralen Voraussetzungen dafür, dass uns die Welt so erscheint, wie sie uns erscheint, und dass wir uns in der Welt so verhalten, wie wir uns verhalten.

Deutlich wird dies besonders dann, wenn man sich vorzustellen versucht, wie es wäre, wenn wir glaubten, dass wir nicht autonom, keine individuelle Instanz und nicht mit uns selbst identisch wären, sondern dass wir streng festgelegt und determiniert, integraler Bestandteil einer größeren Einheit und jeden Tag eine andere Person wären. Vermutlich würden wir uns dann sehr anders fühlen: Uns würde die Welt einschließlich uns selbst dann völlig anders erscheinen, so anders, dass wir es uns eigentlich nicht vorzustellen vermögen.

Wie fühlt sich ein Mensch, der von sich nicht annimmt, autonom zu sein? Wie fühlt sich jemand (wie etwa ein Angehöriger der australischen Aborigines), der von sich denkt, dass in ihm und durch ihn eine metaphysische Urkraft wirkt, die ihn mit Generationen von vergangenen und zukünftigen Stammesangehörigen, Tieren, geisterhaften Wesen und heiligen Orten verbindet? Wie fühlt sich jemand (z. B. aus dem Stamm der Samo), der glaubt, aus einer Vielzahl teilweise sehr flüchtiger Seelen zu bestehen? Wie fühlt sich jemand (bspw. aus dem Volksstamm der Peul), der glaubt, von mehreren Personen bewohnt und eben kein über die Zeit mit sich identisch bleibendes Wesen zu sein?

Wir wissen es nicht und können es auch kaum erahnen. Für uns, die wir mit dem Glauben an unsere Autonomie, Individualität, Persistenz und Ganzheit aufgewachsen und in ihm gefangen sind, ist es nicht möglich, dies ernsthaft nachzuempfinden. Wir können uns vielleicht noch gerade so vorstellen, wie es sich anfühlen muss, sich selbst als zutiefst sündiges, schuldhaftes Wesen zu imaginieren, das nichts Besseres verdient als die elende Existenz, in der es sein Leben fristet, aber es sprengt die Grenzen unserer Vorstellungskraft, nachzufühlen zu versuchen, wie es ist, nicht an seine Freiheit, Individualität und Identität zu glauben. So können wir uns etwa die metaphysische Verbundenheit des Aborigines nur als einen Verlust von Freiheit und Individualität denken, was sie für den Aborigine gerade nicht ist. Und wir können höchstens erahnen, dass es sich für einen Aborigine, einen Samo und einen Peul sehr anders anfühlen muss, zu sein, als für uns, und dass ihnen die Welt sehr anders erscheinen muss als uns. Ihre ganze Existenz hängt in völlig anderen Angeln als die unsrige.

An dieser Unmöglichkeit, die Selbstgefühle von Menschen nachzuempfinden, die ein radikal anderes Menschenbild haben als wir, zeigt sich der transzendentale Charakter dieser Selbstgefühle. Die Subjektivität von Menschen, die ein komplett anderes Menschenbild haben als wir, ist uns in ihrem Kern nicht zugänglich.

Und Menschenbilder können diese fundamentalen Selbstgefühle tatsächlich beeinflussen.

Zum Wirkmechanismus der Beeinflussung

Wie aber vollzieht sich ein solch konstituierender Eingriff? Wie lässt sich erklären, dass das eine Menschenbild Gefühle der Autonomie, der Individualität und der Identität hervorruft, während ein anderes Menschenbild tiefe Gefühle des Verwoben- und Eingebettetseins, der Kollektivität und der Nichtidentität erzeugt?

Jeder Mensch macht unterschiedlichste Erfahrungen von großer Bandbreite. So mache ich beispielsweise die Erfahrung des Willens und der Kontrolle, d. h., ich fühle, dass ich einen Willen habe, dass ich manches – meine Gedanken, meinen Körper – kontrollieren kann, dass ich, weil ich etwas will und meinen Körper kontrolliere, Dinge in der Welt verändern kann. Ich erfahre, dass ich zu mir selber innerlich auf Distanz gehen oder mich gleichsam von außen betrachten und beurteilen kann.

Jedoch mache ich auch negative Erfahrungen wie etwa

das Erleben von Abhängigkeit, Bestimmtsein, Ausgeliefertsein, Ohnmacht und fehlender Kontrollierbarkeit: Gedanken steigen unwillkürlich und scheinbar grundlos aus den Tiefen meines Geistes auf und zwingen sich mir ins Bewusstsein, starke Emotionen wie Wut, Angst oder sexuelle Erregung bemächtigen sich meiner und lassen sich kaum kontrollieren, Träume nehmen mich ungefragt in unheimliche und fremde Welten mit, Hunger und Durst verlangen unnachgiebig danach, gestillt zu werden, Müdigkeit und Schmerz überwältigen mich, manche meiner Mitmenschen lassen mich spüren, dass ich von ihnen abhängig bin, sie mich in der Hand haben.

Je nachdem, in welcher Gesellschaft und unter welchem Menschenbild ich aufwachse, lerne ich von Anfang an, meine Gefühlserfahrungen jeweils völlig anders zu deuten und einzuordnen. Diese Deutung und Einordnung verändert sowohl das Gefühl bzw. mein ganzes Gefühlsleben als auch meine Einstellung gegenüber dem, was ich fühle. Drei Mechanismen greifen hier:

Erstens verändert die *Deutung eines Gefühls* bereits das Gefühl selbst – das es freilich nicht in ungedeuteter, ›reiner‹ Form gibt.

Ein Beispiel: Wenn ich gelernt habe, dass alles, was mit Sex zu tun hat, sündhaft, moralisch schlecht und schädlich ist, dann wird es sich für mich schmutzig und schlecht anfühlen, sexuell erregt zu sein. Wenn ich hingegen gelernt habe, dass sexuelle Empfindungen gut und gesund sind, und ich sie genießen soll, dann wird sich meine sexuelle Erregung schön und richtig anfühlen. Die Deutung und Einordnung von Gefühlen verändert also die Art und Weise, wie sich diese Gefühle anfühlen.

Übertragen bedeutet dies: Menschenbilder verändern die Art und Weise meines Fühlens. Das Gefühl, einen Willen zu haben und mit ihm Kontrolle ausüben zu können, wird sich jeweils anders anfühlen, je nachdem, ob ich zu glauben gelernt habe, dass der Wille mit mir identisch ist, sogar den Kern meines Selbst ausmacht und ich tatsächlich Kontrolle ausüben kann, oder ob ich lerne, dass dieses Gefühl eine Illusion ist, von der ich mich zu lösen habe. Das Gefühl, einen eigenen Willen zu haben und mit ihm Kontrolle ausüben zu können, wird sich jeweils anders anfühlen, je nachdem, ob ich zu glauben gelernt habe, dass es richtig oder falsch ist, einen eigenen Willen zu haben. Ebenso wird es sich jeweils anders anfühlen, je nachdem, ob ich zu glauben gelernt habe, dass der Wille *mein* Wille ist und *ich* es bin, der Kontrolle ausübt, oder ob ich zu glauben gelernt habe, dass mein Wille die Wirkung eines Gottes oder die Manifestation einer äußeren, umfassenden, alles durchdringenden metaphysischen Kraft ist.

Zweitens bestimmen Menschenbilder, mit welchen meiner Gefühle und Empfindungen ich mich stärker *identifiziere*. Wenn ich lerne, dass ich ein freies, selbstbestimmtes Wesen bin, dann lerne ich damit auch, mich eher mit meinem Willen, meiner Kontrollfähigkeit und den Akten, die ich willentlich und kontrolliert ausführe, zu identifizieren, weniger stark jedoch mit meinen unwillkürlichen Akten. Dies zeigt sich z. B. an den Entschuldigungen, die wir häufig vorbringen: »Entschuldigung, das ist mir so passiert, das wollte ich nicht, ich kann doch eigentlich nichts dafür.« In diesem Satz kommt die schwache Identifikation mit Akten, die mir unwillkürlich passieren, klar zum Ausdruck.

Wenn ich hingegen lerne, dass ich ein Wesen bin, das von kosmischen Kräften durchwirkt ist, werde ich mich *nicht* verstärkt mit meinem Willen, sondern vielleicht eher gleichmäßig mit allem, was ich fühle, identifizieren, und zwar allein schon deswegen, weil ich ja auch meinen Willen als die Wirkung einer kosmischen Kraft deute, mit der Folge, dass sich mein Wille für mich gar nicht so sehr als *mein* Wille, sondern eher als eine in mir wirkende Kraft anfühlt. Wenn ich lerne, dass ich ein Bruchstück einer größeren, umfassenderen Entität bin, dann werde ich mich mit meinen Gefühlen der Verbundenheit, des Verwoben- und Eingebettetseins stärker identifizieren als mit dem Gefühl, eine von der Welt unterschiedene Instanz zu sein. Mit diesem Gefühl werde ich mich hingegen dann identifizieren, wenn ich lerne, dass ich ein monadenartiges Individuum bin.

Drittens verschieben Menschenbilder den *Fokus* meiner Selbstwahrnehmung. Sollte ich gelernt haben, mich selbst als freies, selbstbestimmtes Wesen zu verstehen, nehme ich meinen Willen, meine Kontrollfähigkeit, meine bewusst gesetzten Akte wesentlich intensiver wahr als die Erfahrungen des Bestimmtseins, der Abhängigkeit oder des Verwobenseins. Wenn ich hingegen der Meinung bin, dass ich von kosmischen Mächten durchwirkt werde, werde ich gerade die Erfahrungen des Bestimmtseins und des Verwobenseins besonders intensiv wahrnehmen. Menschenbilder führen mithin dazu, dass ich diejenigen Erfahrungen, die das Menschenbild bestätigen, stärker wahrnehme und überinterpretiere, während ich diejenigen Erfahrungen, die dem Menschenbild widersprechen, schwächer bis gar nicht wahrnehme und unterinterpretiere.

Durch mindestens die Mechanismen der Gefühlsmodifikation, der Identifikation und der Fokussierung greifen Menschenbilder also tief in unser Gefühlsleben ein und verändern so ganz grundsätzlich die Art und Weise, wie es sich anfühlt, zu sein. Dass die Wirkungsweise mit diesen drei Mechanismen nur sehr grob beschrieben ist, muss uns nicht weiter stören. Es geht hier in erster Linie darum, verständlich zu machen, *dass* Menschenbilder auf die Art und Weise, wie es sich zu sein anfühlt, eine tiefe Wirkung haben.

Wir alle machen die Erfahrung, bestimmte Dinge und Prozesse bestimmen zu können, aber wir müssen auch zur Kenntnis nehmen, dass wir von Dingen und Prozessen bestimmt werden. Wenn ich lerne, mich für frei zu halten, hat dies zur Folge, dass sich die Erfahrung, etwas kontrollieren zu können, auf bestimmte Art und Weise anfühlt, so dass ich mich in erster Linie mit dieser Erfahrung identifiziere und ich für diese besonders sensibilisiert bin.

Ähnliches gilt für den Fall der Individualität: Wir alle erfahren, dass wir von der Welt verschieden sind, aber auch, dass wir Menschen oder Dinge außerhalb von uns identifizieren können. Wir kennen Menschen, die uns besonders nahe stehen und deren Verlust oder Trennung uns ›ein Stück aus dem Herzen reißt‹, wir haben besondere Gegenstände – ein Erinnerungsstück, das Auto, einen von uns geschriebenen Text –, an denen wir hängen und deren Verlust uns sehr schmerzen würde.

Weil wir in unserer Kultur aber – gerade auch nach den Erfahrungen mit Nationalismen – davon überzeugt sind, dass Menschen Individuen sind und auch sein sollen, lernen wir, diese tiefen Gefühle der Verbundenheit und Verschmelzung mit etwas außerhalb von uns *nicht* als Grundlage für unser Selbst zu deuten; sie gelten uns nicht als Ausdruck unseres tiefsten Selbst. Diese Gefühle werten wir im Gegenteil als etwas, das man sich vielleicht kurzzeitig erlauben darf, von dem man sich aber eigentlich lösen und distanzieren muss, weil sie Zeichen für eine unreife, noch nicht autarke und in sich ruhende Persönlichkeit sind.

In anderen Kulturen werden diese tiefen Gefühle der Verbundenheit hingegen nicht nur als richtig und angemessen empfunden, sie werden vielmehr als die eigentlichen Gefühle des Selbst gedeutet und dementsprechend kultiviert. Als wahrhaft menschlich gelten hier gerade diejenigen, die tiefe emotionale Verbindungen mit anderen – mit den Totems, den Ahnen, der Familie, der Dorfgemeinschaft, der Nation oder was auch immer – aufrechterhalten und pflegen können.

Nicht anders verhält es sich mit unserem Gefühl der Identität, d. h. den Gefühlen der transtemporalen Persistenz, also des überzeitlichen Bestehens, und der intrapersonalen Ganzheit: Wir alle machen Identitäts-, aber auch Differenzerfahrungen. So bemerken wir beispielsweise immer wieder, in wechselnden Stimmungen zu sein, uns selbst fremd vorzukommen, wir machen die Erfahrung innerer Zerrissenheit und einander widerstrebender Gefühlsregungen, die Erfahrung, uns an Geschehnisse aus der Vergangenheit nicht erinnern zu können.

Viele Kulturen sind aber dennoch davon überzeugt, dass der Mensch ein über die Zeit mit sich identisch bleibendes Individuum und eine – idealerweise harmonische – Ganzheit ist. So fordert etwa die westliche Moral von uns, durch alle Kontexte hindurch ›uns selbst treu zu bleiben‹, uns ›nicht verbiegen zu lassen‹ und durch alle Widrigkeiten hindurch ›dieselben zu bleiben‹, die wir sind. Das Rechtssystem schreibt uns die Verantwortung für Taten zu, die wir vor Jahren begangen haben, und zieht uns für diese Taten zur Rechenschaft. Der Staat stattet uns mit Dokumenten aus, die uns ein Leben lang als dieselbe Person identifizieren.

All dies bedeutet: In manchen Kulturen gibt es einen starken Glauben daran, mit sich selbst identisch zu sein und ein kohärentes, einheitliches Selbst zu entwickeln. Und dies erzeugt hohen sozialen Druck. Weil wir in einer solchen Kultur aufgewachsen sind, haben wir gelernt, die Erfahrungen der Identität als intensiver und fundamentaler zu empfinden als die Erfahrungen der Differenz. Wir haben gelernt, uns durch alle Wechsel hindurch als dieselben zu fühlen.

Und eben weil wir an unsere Identität glauben und uns auch so fühlen und sie zudem von unserem Umfeld beständig eingefordert wird, arbeiten wir auch ohne Unterlass an ihr: Wir bemühen uns darum, mit uns selbst konsistent zu sein. Wir beurteilen, kontrollieren und regulieren unsere wechselnde Emotionalität und die uns durch den Kopf schießenden Gedanken beständig an dem stabilen Bild, das wir von uns selbst haben. Wir versuchen, Behauptungen, die wir gestern aufgestellt haben, auch heute noch zu verteidigen. Wir bemühen uns, uns selbst, d. h. unseren Wünschen, Grundsätzen und Ansichten treu zu bleiben und uns von Kontexten nicht ›verbiegen‹ zu lassen. Und nicht zuletzt versuchen wir, die Veränderungen, die wir an uns selbst erleben, für uns selbst und unsere Mitmenschen plausibel zu machen, indem wir sie rationalisieren und in zusammenhängende Geschichten über unsere Identität verpacken.

Grenzen

Der Umstand, dass Menschenbilder – vorrangig die gesellschaftlichen, aber auch gruppenspezifische und individuelle – auf die von ihnen überzeugten Menschen einwirken, darf aber nicht überbewertet werden.

Neben Menschenbildern wirken noch die normalen Typisierungen auf den Menschen ein, etwa Geschlechtertypisierungen oder andere Gruppentypisierungen – Nationalcharaktere, Klassentypisierungen, Familienbilder –, mit denen sich Individuen identifizieren oder die ihnen aufgedrängt werden (die allerdings immer mit einem Menschenbild als allgemeinen Rahmen verbunden sind).

Zudem wirkt natürlich noch eine ganze Reihe anderer Faktoren auf den Menschen ein, wie z. B. Umweltfaktoren, wirtschaftliche Faktoren, Machtfaktoren, psychische Faktoren usw.

Außerdem sind Menschen nur begrenzt formbar. Dies zeigt sich besonders an all jenen optimistisch gestarteten, aber letztlich grausam gescheiterten Versuchen des 20. Jahrhunderts, mittels eines Menschenbildes gezielt einen neuen Menschen zu kreieren. All diese Versuche brachten häufig nur das Gegenteil dessen hervor, was eigentlich intendiert war. So war der Nationalsozialismus darin wenig erfolgreich, den arischen Idealmenschen das Licht der Welt erblicken zu lassen, sondern, wie Alfred Weber (1868–1958), der jüngere Bruder des Soziologen Max Weber, 1953 festhielt:

> [N]icht bloß »oben« eine skrupellose, in Massenmorden sich ergehende Gangsterclique […], sondern auch, was

> mindestens ebenso wichtig ist, in den breiten Bürgerschichten ein Charakterchaos [...], bei dem weitgehend keiner vor der Denunziation des andern sicher war, nicht einmal die Eltern vor der seitens ihrer Kinder.[16]

Worin auch immer die Gründe dafür liegen mögen, dass diese Experimente so geendet haben – einer dieser Gründe dürfte sein, dass Menschen eben nur begrenzt formbar sind.

Und schließlich ist zu berücksichtigen, dass Menschenbilder nicht nur Wirkungen entfalten, sondern sich ihrerseits auch Wirkungen anderer Kräfte verdanken. Menschenbilder fallen nicht vom Himmel und zeitigen dann ihre Wirkungen, sondern sind ihrerseits Folge von bestimmten historischen, sozialen, wirtschaftlichen, psychischen oder geistigen Konstellationen. Sie beeinflussen nicht nur Systeme von Überzeugungen, gesellschaftliche Regeln und Institutionen, Erzählungen und Praktiken oder die Persönlichkeiten der Gesellschaftsmitglieder und ihre Erfahrungen, sondern werden gleichermaßen von eben diesen beeinflusst. In dem Maße, in dem ein Menschenbild etwa die Erfahrungen von Individuen formt, beeinflussen diese je individuellen Erfahrungen auch das Menschenbild, das diese Personen haben. So hat das pessimistische Menschenbild des Mittelalters den mittelalterlichen Menschen nicht nur eine pessimistische Grundstimmung aufgeprägt, sondern es stellt gleichzeitig die Artikulation der Erfahrung dar, dass das Leben tatsächlich bedrückend war.

Zwischen dem Menschenbild einer Gesellschaft und der Lebenswelt, der Kultur und den Lebensbedingungen dieser Gesellschaft herrscht also ein Verhältnis wechselseitigen Beeinflussens.

In diesem komplexen Zusammenspiel kommt dem Menschenbild eine besondere Stellung zu. Das gesellschaftliche Menschenbild ist ja das zentrale Element des kulturellen Systems. Dies hat zur Folge, dass das Menschenbild als eine Art kulturelles Megaphon oder Katalysator wirkt. Denn in dem Moment, in dem eine Erfahrung zu einer Überzeugung über den Menschen im Allgemeinen gerinnt und in das gesellschaftliche Menschenbild aufgenommen wird, wirkt die Erfahrung deutlich stärker: Weil sie nun eine gesellschaftlich geteilte Überzeugung über den Menschen im Allgemeinen ist, wirkt sie auf die Intentionalität, auf die Institutionen, auf die Struktur der Persönlichkeit oder auf das menschliche Selbst. So haben etwa die Erfahrungen, die Sigmund Freud im Rahmen seiner Ausbildung und seiner therapeutischen Tätigkeit gewonnen hat (die wiederum von den Erfahrungen und den Theorien vieler anderer vor ihm beeinflusst waren), ihn zu der Annahme gebracht, dass der Mensch über ein psychisches System verfügt, das aus verdrängten oder abgewehrten Bewusstseinsinhalten besteht: das Unbewusste. Zunächst noch ein Skandalon, sickerte diese Annahme – in verwässerter Form – relativ rasch in das allgemeine Bewusstsein ein und wurde Teil des vorherrschenden gesellschaftlichen Menschenbildes, wohl auch deswegen, weil es Freud gelungen war, mit seiner Theorie des Unbewussten Erfahrungen zu erklären, die von vielen gemacht wurden und die gleichsam darauf gewartet hatten, endlich in Worte gefasst zu werden. In das allgemeine Menschenbild aufgenommen, strahlte diese Überzeugung dann in alle Richtungen aus und beeinflusste die intentionalen Akte, die gesellschaftlichen Institutionen, die Pädagogik, das Rechtssystem, die Moral. Und sie beeinflusste vor allem die Menschen selbst insofern, als sie sich nun als Wesen, in denen ein geheimnisvoller, unzugänglicher psychischer Bereich seine Wirkungen entfaltet, zu begreifen und zu fühlen lernten.

Das Beispiel von Freud macht deutlich: Überzeugungen, die sich in Menschenbildern bündeln, haben spezifische Ursprünge und Quellen. So geht unsere breit geteilte Überzeugung, dass Menschen ein Unbewusstes haben, eben (vor allem) auf Freud zurück. Außerdem wirken gesellschaftliche Menschenbilder als kulturelle Katalysatoren. In dem Moment, in dem etwas – auf welch verschlungenen Wegen auch immer – zu einer breit geteilten lebensweltlichen Überzeugung wird, die sich in einem gesellschaftlich geteilten Menschenbild verankert, wirkt es auf die Kultur als Ganze zurück.

Es lässt sich nur schwer festlegen, welche der kulturellen, sozialen, psychischen, ökonomischen und klimatischen Faktoren nun im Konkreten die Herausbildung eines Menschenbildes begünstigen, wie es also dazu kommt, dass in einem Individuum oder einer Gesellschaft bestimmte Überzeugungen über den Menschen im Allgemeinen entstehen und sich zu Menschenbildern bündeln, die dann ihre weitreichenden Wirkungen entfalten.

Natürlich wäre es interessant zu erfahren, warum ein Menschenbild so und ein anderes so anders ausfällt. Doch für die Klärung solcher Fragestellungen, für die Erforschung der konkreten Wurzeln bestimmter Menschenbilder sind andere Disziplinen zuständig. Hier kann höchstens auf den anthropologischen Ursprung von Menschenbildern verwiesen werden, nämlich auf den Umstand, dass der Mensch ein Wesen ist, das offensichtlich darauf angewiesen ist, sich ein Bild von sich selbst zu machen, und das sich durch dieses Bild selbst mitgestaltet.

Der historische oder auch evolutionsbiologische Ursprung dieser Notwendigkeit verliert sich aber im Dunkel der Menschheitsgeschichte. Wann der Mensch zum ersten Mal den Blick hob und sich die Frage stellte, wer er denn sei, woher er komme und wohin er gehe, wissen wir nicht. Wir wissen lediglich, dass er, seit er damit begonnen hat, nicht mehr aufhören kann, solches zu tun. Die philosophische Anthropologie hat die existenzielle Notwendigkeit, auf diese Fragen Antworten zu erhalten, auf die enorme Plastizität des Menschen zurückgeführt. Weil der Mensch ein so formbares Wesen ist, bedarf er einer Idee, die ihm Form verleiht. Der Mensch ist, so Pico della Mirandola, ein chamäleonartiges Wesen »ohne besondere Eigenart«, »dem gegeben ist zu haben, was er wünscht, und zu sein, was er zu sein verlangt«, dem also aufgegeben ist, sich »von allen Einschränkungen frei« selbst zu bestimmen und sich eine bestimmte Gestalt zu geben.[17] Ein, wenn nicht überhaupt *das* Werkzeug dieser Selbstgestaltung ist das Bild, das sich der Mensch von sich selbst macht.

Unser Menschenbild – eine Aufgabe

Festzuhalten bleibt: Die eingangs formulierten Thesen sind im Wesentlichen richtig. Menschenbilder sind in Form von gesellschaftlichen sowie dessen gruppenspezifischen und individuellen Varianten überall, sie bilden das zentrale Element der Kultur einer Gesellschaft und machen als solches ein – wenn nicht überhaupt *das* – Fundament unserer Weltzugänge sowie unserer sozialen und politischen Ordnungen aus. Auch deshalb sind sie enorm machtvoll, nicht zuletzt deshalb, weil sie auf die Art und Weise, wie wir Menschen sind, massiv Einfluss nehmen.

Wir stehen also vor der Aufgabe, die unterschiedlichen Menschenbilder zu identifizieren, sie zu beschreiben, zu analysieren, zu diskutieren und zu kritisieren. Wenn unsere Analyse stimmt, dann dürften Menschenbilder beispielsweise – wie die Rede von Menschenbildern in moralischen Kontexten ja nahelegt – tatsächlich an der Wurzel vieler innergesellschaftlicher Konflikte zu finden sein. Bei einigen dieser Konflikte, wie etwa um Abtreibung und Sterbehilfe, ist dies nicht nur bekannt, sondern sind die zugrunde liegenden Menschenbilder auch ziemlich gut herausgearbeitet worden. Entscheidend ist, dass erst die Freilegung dieser die Voraussetzung für eine fruchtbare gesellschaftliche Auseinandersetzung geschaffen hat. Denn nur dort, wo die Menschenbildüberzeugungen identifiziert und thematisiert werden,

(1) können diese Überzeugungen einer rationalen Kritik unterzogen werden,
(2) kann ein Boden der gemeinsam geteilten anthropologi-

schen Überzeugungen – ein gesellschaftliches Torso-Menschenbild – gewonnen werden,

(3) kann zwischen öffentlichen, rational legitimierten und privaten, weltanschaulich-religiösen Überzeugungen unterschieden werden und

(4) kann gegenseitiges Verständnis entstehen, das den jeweils anderen Ansichten Freiräume auch dann einzuräumen bereit ist, wenn man diese Ansichten nicht teilt.

All dies bildet nicht nur die Voraussetzung für einen rational geführten öffentlichen Diskurs, sondern schafft erst den Raum für politische Kompromisse, eine der wesentlichen Garantien für den sozialen Frieden. Denn politische Kompromisse können nur dort geschlossen werden, wo es einen Minimalbestand an außer Frage stehenden, gemeinsam geteilten, basalen Überzeugungen über den Menschen gibt. Der Umstand, dass uns all diese Errungenschaften so selbstverständlich sind, sollte uns für das gemeinsame Menschenbild, auf dem sie ruhen, nicht blind machen. Und wir sollten nicht den meist blutigen Prozess vergessen, in dem dieses Grundbild den vielen partikularen Menschenbildern, die unsere Kulturen durchdringen, abgerungen wurde. Nur weil wir über Jahrhunderte erbittert über Menschenbilder gestritten, hartnäckig um ihre Rationalität gerungen haben, glauben wir an Demokratie, Menschenrecht und Menschenwürde.

In Anbetracht der Tatsache, dass viele der innergesellschaftlichen, intrakulturellen Konflikte ihre Wurzel in den verschiedenen Menschenbildern der Angehörigen einer Gesellschaft haben, lässt sich erahnen, wie viele der globalen Konflikte und Missverständnisse auf das Konto unterschiedlicher Menschenbilder gehen – Menschenbilder, die häufig unausgesprochen, vielleicht sogar unbewusst bleiben und daher im Hintergrund umso stärker ihre Wirkungen entfalten.

Angesichts der Dramatik vieler dieser Konflikte lässt sich ermessen, wie wichtig und dringend geboten es wäre, diesen Menschenbildern auf den Grund zu gehen und sie für alle sichtbar zu machen. Hinsichtlich der großen Unterschiede zwischen den verschiedenen Menschenbildern, des beharrlichen Schweigens über sie und des Fehlens einer gemeinsamen Sprache lässt sich aber auch erahnen, wie schwierig dieses Unterfangen werden dürfte.

Dennoch (oder gerade aus diesem Grund?) müssen auch hier Menschenbilder artikuliert, analysiert, kritisiert und diskutiert werden. Nur dann, wenn ein gemeinsamer Ausgangspunkt, ein gemeinsames, für viele geltendes Torso-Menschenbild schon gewonnen wurde, und das Öffentliche vom Privaten einigermaßen zu unterscheiden gelernt worden ist, können die partikularen Menschenbilder im Privaten unbehelligt bleiben. Doch wenn das Gemeinsame brüchig zu werden droht oder wenn eine solche Struktur noch gar nicht entstanden ist, ist die Verdrängung der Menschenbilder in den Raum des Privaten und die – häufig aus falsch verstandenem Respekt geübte – Scheu vor scharfer Analyse und strenger Kritik der Bilder gefährlich. So schwer es auch sein mag: Nur auf der Basis für alle transparenter Menschenbilder, gegenseitigen Verständnisses und wechselseitiger Kritik und mit dem Fundament eines substanziellen anthropologischen Konsenses wird ein Pluralismus der Kulturen, wird Toleranz und gegenseitiges Verständnis bestehen können.

Die Notwendigkeit der Identifikation, Deskription, Analyse, Kritik und Diskussion von Menschenbildern ergibt sich entsprechend aus deren Missbrauchspotenzial. Menschenbilder können viel anrichten. Dies belegt nicht zuletzt die Geschichte der Menschenbilder, die nur allzu oft eine Geschichte der Legitimation von Diskriminierung, Ausbeutung, Hass und Mord war. Immer schon bildeten manche Menschenbilder den Ansatzpunkt für eine Unterscheidung zwischen ›uns‹ und ›den anderen‹, zwischen ›den Reinen‹ und ›den Unreinen‹, zwischen denen, die zu leben verdienen, und denen, denen das Leben genommen werden muss. Immer schon lieferten manche Menschenbilder Ansatzpunkte für Träume vom ›neuen Menschen‹, von dem auch noch heute manche zu träumen nicht lassen können. Wenn auch mit den besten Absichten: Was anderes ist der Post- oder Transhumanismus, als der Versuch, sich einen neuen Menschen zu imaginieren, der den alten endlich ablösen möge (für den Politologen Francis Fukuyama, *1952, die »gefährlichste Idee der Welt«)? Und auf was, wenn nicht auf das alte Bild des ›(weißen) starken Mannes‹ als Norm des Menschen überhaupt setzt der Populismus unserer Tage? Auch gibt es Menschenbilder, die sich auf ganz untergründige Weise einer Kultur bemächtigen. Das gegenwärtig wirkungsmächtigste unter ihnen ist, glaubt man den Diagnosen, das Menschenbild des Homo oeconomicus, das Bild des allein für sich verantwortlichen, allein auf seinen (monetären) Nutzen bedachten Egoistenmenschen. Im Zuge der Ökonomisierung unserer Lebenswelt setzt sich dieses Menschbild sukzessive und immer stärker in unseren Köpfen fest und lässt uns – seinerseits oft unerkannt – die Welt aus diesem Blickwinkel sehen. Dieses

Menschenbild kann auch deshalb immer stärker in unsere Alltagspraxis eindringen und sich allmählich tiefer in unser Fühlen, Denken, Wollen und Handeln einschleichen, weil es zu selten thematisiert und kritisiert wird (am brillantesten vielleicht von Amartya Sen in seinem Aufsatz *Rationale Dummköpfe*).

Um es noch einmal zu sagen: Menschenbilder bilden das Fundament unseres Weltzuganges, unserer sozialen und politischen Ordnungen, und unseres Menschseins. Aus diesem Grund ist die Identifikation, Beschreibung, Analyse und Kritik von Menschenbildern lebensnotwenig. Denn es hängt auch vom zugrunde liegenden Menschenbild ab, ob eine Gesellschaft gute oder schlechte soziale und politische Ordnungen entwickeln und erhalten kann, und ob die Möglichkeiten eines geglückten Lebens vielen in Fülle oder nur wenigen und eingeschränkt zur Verfügung stehen. Ein schlechteres Menschenbild wird die Chancen verringern, dass Leben gelingen, ein wahreres und gutes dagegen diese Chancen erhöhen.

Anmerkungen

Einleitung

1 Die Ausdrücke ›Menschenbild‹ und ›Bild des Menschen‹ finden sich in Nietzsches gesamten Werk explizit insgesamt nur neunmal, davon lediglich viermal in seinen von ihm selbst veröffentlichten Schriften: *Unzeitgemäße Betrachtungen*, S. 368 f.; *Menschliches, Allzumenschliches* II, S. 419 f., 274. Dies reichte aber aus, um den Begriff nachhaltig in die intellektuelle Debatte einzuführen. Von Nietzsche werden die Ausdrücke zunächst von nationalsozialistischen und dann von christlichen Intellektuellen übernommen und instrumentalisierend popularisiert.

Zum Begriff

2 Luhmann, *Interview*, S. 132.

Macht und Wirkung I

3 Nietzsche, *Nachgelassene Fragmente* 1880, S. 227, 6[124].
4 Nietzsche, *Unzeitgemäße Betrachtungen*, S. 368 f.
5 Nietzsche, *Menschliches, Allzumenschliches* II, S. 419 f., Aph. 99.
6 Nietzsche, *Nachgelassene Fragmente* 1881, S. 577, 12[7].
7 Radbruch, *Der Mensch im Recht*, S. 10.
8 Ebd., S. 11.
9 Ebd., S. 12.
10 Ebd.
11 Ebd.
12 Ebd., S. 16.
13 Ebd., S. 9.
14 [»eine ziemlich eigenartige Idee im Kontext der Weltkulturen«]. Geertz, *From the Native's Point of View*, S. 31.

Macht und Wirkung II

15 Pico della Mirandola, *Oratio de hominis dignitate*, S. 5.
16 Weber, *Der dritte oder der vierte Mensch*, S. 39.
17 Pico della Mirandola, *Oratio de hominis dignitate*, S. 7, 9.

Literaturhinweise

Bourdieu, Pierre: Ökonomisches Kapital, kulturelles Kapital, soziales Kapital. In: Reinhard Kreckel (Hrsg.): Soziale Ungleichheiten. Göttingen 1983. S. 183–198.

Brewer, Paul / Steenbergen, Marco: All Against All: How Beliefs about Human Nature Shape Foreign Policy Opinions. In: Political Psychology 23 (2002) Nr. 1. S. 39–58. [Wichtige empirische Studie.]

Burckhardt, Jacob: Die Kultur der Renaissance in Italien. Ein Versuch [1859]. Frankfurt a. M. 2012.

Descola, Philippe: Jenseits von Natur und Kultur. Berlin 2013. [Klassiker der Ethnologie zum Thema.]

Fukuyama, Francis: Transhumanism. In: Foreign Policy 144 (2004) S. 42 f.

Freud, Sigmund: Eine Schwierigkeit der Psychoanalyse. In: Imago. Zeitschrift für Anwendung der Psychoanalyse auf die Geisteswissenschaften 5 (1917) S. 1-7.

Geertz, Clifford: From the Native's Point of View: On the Nature of Anthropological Understanding. In: Bulletin of the American Academy of Arts and Sciences 28 (1974) Nr. 1. S. 26–45.

Greenfeld, Patricia [u. a.]: Cultural Pathways Through Universal Development. In: Annual Review of Psychology 54 (2003) S. 461–490. [Wichtige empirische Studie.]

Kant, Immanuel: Beantwortung der Frage: Was ist Aufklärung? In: I. K.: Denken wagen. Der Weg aus der selbstverschuldeten Unmündigkeit. Stuttgart 2017. S. 7–16.

Lotario de Segni (Papst Innozenz III.): Vom Elend des menschlichen Daseins. Übers. von Carl-Friedrich Geyer. Hildesheim / Zürich / New York 1990.

Luhmann, Niklas: Interview. Geführt von Hans Dieter Huber. 13. Dezember 1990. In: Texte zur Kunst 1 (1991) S. 121–133.

Markus, Hazel / Kitayama, Shinobu: Culture and the Self: Implications for Cognition, Emotion, and Motivation. In: Psychological Review 98 (1991) Nr. 2. S. 224–253. [Wichtige empirische Studie.]

Nietzsche, Friedrich: Menschliches, Allzumenschliches. In: F. N.:

Sämtliche Werke. Krit. Studienausg. Hrsg. von Giorgio Colli / Mazzino Montinari. Bd. 2. München ²1988.
– Nachgelassene Fragmente 1880–1882. In: F. N.: Sämtliche Werke. Krit. Studienausg. Hrsg. von Giorgio Colli / Mazzino Montinari. Bd. 9. München / Berlin / New York 1988.
– Unzeitgemässe Betrachtungen. In: F. N.: Sämtliche Werke. Krit. Studienausg. Hrsg. von Giorgio Colli / Mazzino Montinari. Bd. 1. München ²1988.
Pico della Mirandola, Giovanni: Oratio de hominis dignitate. Rede über die Würde des Menschen. Lat./Dt. Auf der Textgrundlage der Editio princeps hrsg. und übers. von Gerd von der Gönna. Stuttgart 2009.
Radbruch, Gustav: Der Mensch im Recht. In: G. R.: Der Mensch im Recht. Ausgewählte Vorträge und Aufsätze über Grundfragen des Rechts. Göttingen ²1961. S. 9–22.
Sen, Amartya: Rationale Dummköpfe. Eine Kritik der Verhaltensgrundlagen der Ökonomischen Theorie. Übers. von Valerie Gföhler. Nachw. von Christian Neuhäuser. Stuttgart ³2020. [Engl.: Rational Fools: A Critique of the Behavioral Foundations of Economic Theory. In: Philosophy & Public Affairs 6 (1977) Nr. 4. S. 317–344.]
Sinowjew, Alexander: Homo sovieticus. Zürich 1984.
Weber, Alfred: Der dritte oder der vierte Mensch. Vom Sinn des geschichtlichen Daseins. München 1953.
Zichy, Michael: Menschenbild. Begriffsgeschichtliche Anmerkungen. In: Archiv für Begriffsgeschichte 56 (2014) S. 7–30.
– Menschenbild und Ethik. Zur Klärung eines vertrackten Verhältnisses. In: Jahrbuch für Wissenschaft und Ethik 24 (2019) Nr. 1. S. 7–48.
– Menschenbild und Menschenrechte. In: Zeitschrift für Philosophische Forschung 72 (2017) Nr. 3. S. 380–409.
– Menschenbilder. Eine Grundlegung, Freiburg/München ²2021.

Zum Autor

Michael Zichy, geb. 1975, studierte in Salzburg Philosophie und Katholische Theologie. Nach Stationen bei der Europäischen Kommission in Brüssel, an der Ludwig-Maximilian-Universität München und der New School for Social Research in New York kehrte er an die Universität Salzburg zurück, wo er seit 2018 als Professor für Philosophie und seit Oktober 2021 als Dekan der Katholisch-Theologischen Fakultät tätig ist.

Seine Arbeitsschwerpunkte liegen in den Bereichen der philosophischen Anthropologie, insbesondere der Menschenbildforschung, und der Ethik.

Er ist Mitbegründer und Mitherausgeber der *Zeitschrift für Praktische Philosophie* (www.praktische-philosophie.org) und Associate Editor bei *The Journal of Ethics*. Wichtige jüngere Buchpublikationen: *Der populistische Planet. Berichte aus einer Welt in Aufruhr* (zus. mit Jonas Lüscher, 2021); *Menschenbilder. Eine Grundlegung* (2017).